book2
books in 2 languages

book2 Deutsch - Japanisch für Anfänger

IMPRINT / IMPRESSUM

Johannes Schumann:
book2 Deutsch - Japanisch für Anfänger
EAN-13 (ISBN-13): 978-3-93-814122-9

Inquiries / Anfragen:
info@50languages.com
info@goethe-verlag.com

Inhalt

1 [eins]

Personen

1 [一]
1 [ichi]

人称
ninshou

ich	私 watashi
ich und du	私とあなた watashi to anata
wir beide	私達 watashi tachi
er	彼 kare
er und sie	彼と彼女 kare to kanojo
sie beide	彼ら karera
der Mann	男性 dansei
die Frau	女性 josei
das Kind	子供 kodomo

1 [eins]

Personen

1 [一]
1 [ichi]

人称
ninshou

eine Familie	家族 kazoku
meine Familie	私の家族 watashi no kazoku
Meine Familie ist hier.	私の家族はここにいます。 watashi no kazoku ha koko ni i masu
Ich bin hier.	私はここにいます。 watashi ha koko ni i masu
Du bist hier.	あなたはここにいます。 anata ha koko ni i masu
Er ist hier und sie ist hier.	彼はここにいます。そして彼女はここにいます。 kare ha koko ni i masu soshite kanojo ha koko ni i masu
Wir sind hier.	私達はここにいます。 watashi tachi ha koko ni i masu
Ihr seid hier.	あなた達はここにいます。 anata tachi ha koko ni i masu
Sie sind alle hier.	彼らは皆ここにいます。 karera ha mina koko ni i masu

2 [zwei]

Familie

2 [二]
2 [ni]

家族
kazoku

der Großvater — 祖父 / おじいさん
sofu / ojiisan

die Großmutter — 祖母 / おばあさん
sobo / obaasan

er und sie — 彼と彼女
kare to kanojo

der Vater — 父 / お父さん
chichi / otousan

die Mutter — 母 / お母さん
haha / okaasan

er und sie — 彼と彼女
kare to kanojo

der Sohn — 息子
musuko

die Tochter — 娘
musume

er und sie — 彼と彼女
kare to kanojo

2 [zwei]

Familie

2 [二]
2 [ni]

家族
kazoku

der Bruder
兄弟
kyoudai

die Schwester
姉妹
shimai

er und sie
彼と彼女
kare to kanojo

der Onkel
おじ
oji

die Tante
おば
oba

er und sie
彼と彼女
kare to kanojo

Wir sind eine Familie.
私達は家族です。
watashi tachi ha kazoku desu

Die Familie ist nicht klein.
家族は小さくありません。
kazoku ha chiisaku ari mase n

Die Familie ist groß.
家族は大きいです。
kazoku ha ookii desu

3 [drei]

Kennen lernen

3 [三]
3 [san]

知り合う
shiriau

Hallo!	こんにちは！ konnichiha !
Guten Tag!	こんにちは！ konnichiha !
Wie geht's?	お元気ですか？ o genki desu ka
Kommen Sie aus Europa?	ヨーロッパからこられたのですか？ yoroppa kara ko rare ta no desu ka
Kommen Sie aus Amerika?	アメリカからこられたのですか？ amerika kara ko rare ta no desu ka
Kommen Sie aus Asien?	アジアからこられたのですか？ ajia kara ko rare ta no desu ka
In welchem Hotel wohnen Sie?	どちらのホテルにお泊りですか？ dochira no hoteru ni o tomari desu ka
Wie lange sind Sie schon hier?	こちらにはもうどれくらいご滞在ですか？ kochira ni ha mou dore kurai go taizai desu ka
Wie lange bleiben Sie?	どれくらいご滞在の予定ですか？ dore kurai go taizai no yotei desu ka

3 [drei]

3 [三]
3 [san]

Kennen lernen

知り合う
shiriau

Gefällt es Ihnen hier?	ここは気に入りましたか？ koko ha kiniiri mashi ta ka
Machen Sie hier Urlaub?	こちらでは休暇ですか？ kochira de ha kyuuka desu ka
Besuchen Sie mich mal!	一度来てください。 ichido ki te kudasai
Hier ist meine Adresse.	これが私の住所です。 kore ga watashi no juusho desu
Sehen wir uns morgen?	明日会えますか？ ashita ae masu ka
Tut mir Leid, ich habe schon etwas vor.	残念ながら明日は先約があります。 zannen nagara ashita ha senyaku ga ari masu
Tschüs!	バイバイ！ baibai !
Auf Wiedersehen!	さようなら！ sayounara !
Bis bald!	またね！ mata ne !

4 [vier]

4 [四]
4 [yon]

In der Schule

学校で
gakkou de

Wo sind wir?	ここはどこですか？ koko ha doko desu ka
Wir sind in der Schule.	学校です。 gakkou desu
Wir haben Unterricht.	授業があります。 jugyou ga ari masu
Das sind die Schüler.	こちらが生徒です。 kochira ga seito desu
Das ist die Lehrerin.	こちらが先生です。 kochira ga sensei desu
Das ist die Klasse.	こちらがクラスです。 kochira ga kurasu desu
Was machen wir?	何をしますか？ nani o shi masu ka
Wir lernen.	勉強をします。 benkyou o shi masu
Wir lernen eine Sprache.	言語を習います。 gengo o narai masu

4 [vier]

In der Schule

4 [四]
4 [yon]

学校で
gakkou de

Ich lerne Englisch.
私は英語を習います。
watashi ha eigo o narai masu

Du lernst Spanisch.
あなたはスペイン語を習います。
anata ha supein go o narai masu

Er lernt Deutsch.
彼はドイツ語を習います。
kare ha doitsu go o narai masu

Wir lernen Französisch.
私達はフランス語を習います。
watashi tachi ha furansugo o narai masu

Ihr lernt Italienisch.
あなた達はイタリア語を習います。
anata tachi ha itaria go o narai masu

Sie lernen Russisch.
彼らはロシア語を習います。
karera ha roshia go o narai masu

Sprachen lernen ist interessant.
語学を学ぶのは面白いです。
gogaku o manabu no ha omoshiroi desu

Wir wollen Menschen verstehen.
私達は人を理解できるようになりたいのです。
watashi tachi ha hito o rikai dekiru you ni nari tai no desu

Wir wollen mit Menschen sprechen.
私達は人と話をしたいのです。
watashi tachi ha hito to hanashi o shi tai no desu

5 [fünf]

Länder und Sprachen

5 [五]
5 [go]

国と言語
kuni to gengo

John ist aus London. | ジョンはロンドン出身です。
jon ha rondon shusshin desu

London liegt in Großbritannien. | ロンドンはイギリスにあります。
rondon ha igirisu ni ari masu

Er spricht Englisch. | 彼は英語を話します。
kare ha eigo o hanashi masu

Maria ist aus Madrid. | マリアはマドリッド出身です。
maria ha madoriddo shusshin desu

Madrid liegt in Spanien. | マドリッドはスペインにあります。
madoriddo ha supein ni ari masu

Sie spricht Spanisch. | 彼女はスペイン語を話します。
kanojo ha supein go o hanashi masu

Peter und Martha sind aus Berlin. | ピーターとマルタはベルリン出身です。
pita to maruta ha berurin shusshin desu

Berlin liegt in Deutschland. | ベルリンはドイツにあります。
berurin ha doitsu ni ari masu

Sprecht ihr beide Deutsch? | あなた達は二人ともドイツ語を話しますか？
anata tachi ha ni nin tomo doitsugo o hanashi masu ka

5 [fünf]

Länder und Sprachen

5 [五]
5 [go]

国と言語
kuni to gengo

London ist eine Hauptstadt.	ロンドンは首都です。 rondon ha shuto desu
Madrid und Berlin sind auch Hauptstädte.	マドリッドとベルリンも首都です。 madoriddo to berurin mo shuto desu
Die Hauptstädte sind groß und laut.	首都は大きくてうるさいです。 shuto ha ookiku te urusai desu
Frankreich liegt in Europa.	フランスはヨーロッパにあります。 furansu ha yoroppa ni ari masu
Ägypten liegt in Afrika.	エジプトはアフリカにあります。 ejiputo ha afurika ni ari masu
Japan liegt in Asien.	日本はアジアにあります。 nippon ha ajia ni ari masu
Kanada liegt in Nordamerika.	カナダは北米にあります。 kanada ha hokubei ni ari masu
Panama liegt in Mittelamerika.	パナマは中米にあります。 panama ha chuubei ni ari masu
Brasilien liegt in Südamerika.	ブラジルは南米にあります。 burajiru ha nanbei ni ari masu

6 [sechs]

Lesen und schreiben

6 [六]
6 [roku]

読み書き
yomikaki

Ich lese.	私は読みます。 watashi ha yomi masu
Ich lese einen Buchstaben.	私は文字を読みます。 watashi ha moji o yomi masu
Ich lese ein Wort.	私は単語を読みます。 watashi ha tango o yomi masu
Ich lese einen Satz.	私は文を読みます。 watashi ha bun o yomi masu
Ich lese einen Brief.	私は手紙を読みます。 watashi ha tegami o yomi masu
Ich lese ein Buch.	私は本を読みます。 watashi ha hon o yomi masu
Ich lese.	私は読みます。 watashi ha yomi masu
Du liest.	あなたは読みます。 anata ha yomi masu
Er liest.	彼は読みます。 kare ha yomi masu

6 [sechs]

Lesen und schreiben

6 [六]
6 [roku]

読み書き
yomikaki

Ich schreibe.
私は書きます。
watashi ha kaki masu

Ich schreibe einen Buchstaben.
私は文字を書きます。
watashi ha moji o kaki masu

Ich schreibe ein Wort.
私は単語を書きます。
watashi ha tango o kaki masu

Ich schreibe einen Satz.
私は文を書きます。
watashi ha bun o kaki masu

Ich schreibe einen Brief.
私は手紙を書きます。
watashi ha tegami o kaki masu

Ich schreibe ein Buch.
私は本を書きます。
watashi ha hon o kaki masu

Ich schreibe.
私は書きます。
watashi ha kaki masu

Du schreibst.
あなたは書きます。
anata ha kaki masu

Er schreibt.
彼は書きます。
kare ha kaki masu

7 [sieben]

Zahlen

7 [七]
7 [nana]

数
kazu

Ich zähle:	数えます： kazoe masu ::::
eins, zwei, drei	いち、に、さん ichi , ni , san
Ich zähle bis drei.	三まで数えます。 san made kazoe masu
Ich zähle weiter:	引き続き数えます： hikitsuduki kazoe masu ::::
vier, fünf, sechs,	し、ご、ろく、 shi , go , ro ku ,
sieben, acht, neun	しち、はち、く shi chi , ha chi , ku
Ich zähle.	私は数えます。 watashi ha kazoe masu
Du zählst.	あなたは数えます。 anata ha kazoe masu
Er zählt.	彼は数えます。 kare ha kazoe masu

7 [sieben]

Zahlen

7 [七]
7 [nana]

数
kazu

Eins. Der Erste. | いち。第一
ichi dai ichi

Zwei. Der Zweite. | に。第二
ni dai ni

Drei. Der Dritte. | さん。第三
san dai san

Vier. Der Vierte. | し。第四
shi dai yon

Fünf. Der Fünfte. | ご。第五
go dai go

Sechs. Der Sechste. | ろく。第六
ro ku dai roku

Sieben. Der Siebte. | しち。第七
shi chi dai nana

Acht. Der Achte. | はち。第八
ha chi dai hachi

Neun. Der Neunte. | く。第九
ku dai kyuu

8 [acht]

Uhrzeiten

8 [八]
8 [hachi]

時刻
jikoku

Entschuldigen Sie!	すみません！ sumimasen !
Wie viel Uhr ist es, bitte?	今、何時ですか？ ima , nan ji desu ka
Danke vielmals.	どうもありがとうございます。 doumo arigatou gozai masu
Es ist ein Uhr.	一時です。 ichiji desu
Es ist zwei Uhr.	二時です。 ni ji desu
Es ist drei Uhr.	三時です。 san ji desu
Es ist vier Uhr.	四時です。 yon ji desu
Es ist fünf Uhr.	五時です。 go ji desu
Es ist sechs Uhr.	六時です。 roku ji desu

8 [acht]

Uhrzeiten

8 [八]
8 [hachi]

時刻
jikoku

Es ist sieben Uhr. | 七時です。 nana ji desu

Es ist acht Uhr. | 八時です。 hachi ji desu

Es ist neun Uhr. | 九時です。 kyuu ji desu

Es ist zehn Uhr. | 十時です。 juu ji desu

Es ist elf Uhr. | 十一時です。 juu ichi ji desu

Es ist zwölf Uhr. | 十二時です。 juu ni ji desu

Eine Minute hat sechzig Sekunden. | 一分は六十秒です。 ichi fun ha roku juu byou desu

Eine Stunde hat sechzig Minuten. | 一時間は六十分です。 ichi jikan ha roku juu fun desu

Ein Tag hat vierundzwanzig Stunden. | 一日は二十四時間です。 ichi nichi ha ni juu yon jikan desu

9 [neun]

Wochentage

9 [九]
9 [kyuu]

曜日
youbi

der Montag	月曜日 getsuyoubi
der Dienstag	火曜日 kayoubi
der Mittwoch	水曜日 suiyoubi
der Donnerstag	木曜日 mokuyoubi
der Freitag	金曜日 kinyoubi
der Samstag	土曜日 doyoubi
der Sonntag	日曜日 nichiyoubi
die Woche	週 shuu
von Montag bis Sonntag	月曜日から日曜日まで getsuyoubi kara nichiyoubi made

9 [neun]

Wochentage

9 [九]
9 [kyuu]

曜日
youbi

Der erste Tag ist Montag.
一日目は月曜日です。
ichi nichi me ha getsuyoubi desu

Der zweite Tag ist Dienstag.
二日目は火曜日です。
ni nichi me ha kayoubi desu

Der dritte Tag ist Mittwoch.
三日目は水曜日です。
san nichi me ha suiyoubi desu

Der vierte Tag ist Donnerstag.
四日目は木曜日です。
yon nichi me ha mokuyoubi desu

Der fünfte Tag ist Freitag.
五日目は金曜日です。
go nichi me ha kinyoubi desu

Der sechste Tag ist Samstag.
六日目は土曜日です。
roku nichi me ha doyoubi desu

Der siebte Tag ist Sonntag.
七日目は日曜日です。
nana nichi me ha nichiyoubi desu

Die Woche hat sieben Tage.
一週間は七日です。
ichi shuukan ha nana nichi desu

Wir arbeiten nur fünf Tage.
私達は五日間だけ働きます。
watashi tachi ha go nichikan dake hataraki masu

10 [zehn]

Gestern – heute – morgen

10 [十]
10 [juu]

昨日-今日-明日
kinou ---- kyou ---- ashita

Gestern war Samstag.	昨日は土曜日でした。 kinou ha doyoubi deshi ta
Gestern war ich im Kino.	昨日、私は映画館に行きました。 kinou , watashi ha eiga kan ni iki mashi ta
Der Film war interessant.	映画は面白かったです。 eiga ha omoshirokat ta desu
Heute ist Sonntag.	今日は日曜日です。 kyou ha nichiyoubi desu
Heute arbeite ich nicht.	私は今日は働きません。 watashi ha kyou ha hataraki mase n
Ich bleibe zu Hause.	私は家にいます。 watashi ha ie ni i masu
Morgen ist Montag.	明日、月曜日です。 ashita , getsuyoubi desu
Morgen arbeite ich wieder.	明日、私はまた働きます。 ashita , watashi ha mata hataraki masu
Ich arbeite im Büro.	私はオフィスで働きます。 watashi ha ofisu de hataraki masu

10 [zehn]

Gestern – heute – morgen

10 [十]
10 [juu]

昨日-今日-明日

kinou ---- kyou ---- ashita

Wer ist das?	誰ですか？ dare desu ka
Das ist Peter.	ピーターです。 pita desu
Peter ist Student.	ピーターは学生です。 pita ha gakusei desu
Wer ist das?	誰ですか？ dare desu ka
Das ist Martha.	マルタです。 maruta desu
Martha ist Sekretärin.	マルタは秘書です。 maruta ha hisho desu
Peter und Martha sind Freunde.	ピーターとマルタは友達です。 pita to maruta ha tomodachi desu
Peter ist der Freund von Martha.	ピーターはマルタの友人です。 pita ha maruta no yuujin desu
Martha ist die Freundin von Peter.	マルタはペーターの友人です。 maruta ha peta no yuujin desu

11 [elf]

Monate

11 [十一]
11 [juu ichi]

月
tsuki

der Januar	一月 ichigatsu
der Februar	二月 nigatsu
der März	三月 sangatsu
der April	四月 shigatsu
der Mai	五月 gogatsu
der Juni	六月 rokugatsu
Das sind sechs Monate.	これで六ヶ月です。 kore de roku kagetsu desu
Januar, Februar, März,	一月、二月、三月 ichigatsu , nigatsu , sangatsu
April, Mai und Juni.	四月、五月と六月。 shigatsu , gogatsu to rokugatsu

11 [elf]

Monate

11 [十一]
11 [juu ichi]

月
tsuki

der Juli	七月 shichigatsu
der August	八月 hachigatsu
der September	九月 kugatsu
der Oktober	十月 juugatsu
der November	十一月 juuichigatsu
der Dezember	十二月 juunigatsu
Das sind auch sechs Monate.	これも六ヶ月です。 kore mo roku kagetsu desu
Juli, August, September,	七月、八月、九月、 shichigatsu , hachigatsu , kugatsu ,
Oktober, November und Dezember.	十月、十一月と十二月。 juugatsu , juuichigatsu to juunigatsu

12 [zwölf]

Getränke

12 [十二]
12 [juu ni]

飲み物
nomimono

Ich trinke Tee.
私は紅茶を飲みます。
watashi ha koucha o nomi masu

Ich trinke Kaffee.
私はコーヒーを飲みます。
watashi ha kohi o nomi masu

Ich trinke Mineralwasser.
私はミネラルウォーターを飲みます。
watashi ha mineraru wota o nomi masu

Trinkst du Tee mit Zitrone?
あなたはレモンティーを飲む？
anata ha remonti o nomu

Trinkst du Kaffee mit Zucker?
あなたはコーヒーに砂糖を入れて飲む？
anata ha kohi ni satou o ire te nomu

Trinkst du Wasser mit Eis?
あなたは水に氷を入れて飲む？
anata ha mizu ni koori o ire te nomu

Hier ist eine Party.
ここでパーティーがあります。
koko de pati ga ari masu

Die Leute trinken Sekt.
人々はシャンペンを飲んでいます。
hitobito ha shanpen o non de i masu

Die Leute trinken Wein und Bier.
人々はワインとビールを飲んでいます。
hitobito ha wain to biru o non de i masu

12 [zwölf]

Getränke

12 [十二]
12 [juu ni]

飲み物
nomimono

Trinkst du Alkohol?	あなたはアルコールを飲みますか？ anata ha arukoru o nomi masu ka
Trinkst du Whisky?	あなたはウィスキーを飲みますか？ anata ha wisuki o nomi masu ka
Trinkst du Cola mit Rum?	あなたはラム酒いりコーラを飲みますか？ anata ha ramu sake iri kora o nomi masu ka
Ich mag keinen Sekt.	私はシャンペンは好きではありません。 watashi ha shanpen ha suki de ha ari mase n
Ich mag keinen Wein.	私はワインは好きではありません。 watashi ha wain ha suki de ha ari mase n
Ich mag kein Bier.	私はビールは好きではありません。 watashi ha biru ha suki de ha ari mase n
Das Baby mag Milch.	赤ちゃんはミルクが好きです。 akachan ha miruku ga suki desu
Das Kind mag Kakao und Apfelsaft.	子供はココアとりんごジュースが好きです。 kodomo ha kokoa to ringo jusu ga suki desu
Die Frau mag Orangensaft und Grapefruitsaft.	女性はオレンジジュースとグレープフルーツジュースが好きです。 josei ha orenji jusu to gurepufurutsu jusu ga suki desu

13 [dreizehn]

Tätigkeiten

13 [十三]
13 [juu san]

仕事
shigoto

Was macht Martha?	マルタは何をしていますか？ maruta ha nani o shi te i masu ka
Sie arbeitet im Büro.	彼女はオフィスで働いています。 kanojo ha ofisu de hatarai te i masu
Sie arbeitet am Computer.	彼女はコンピューターで仕事をしています。 kanojo ha konpyuta de shigoto o shi te i masu
Wo ist Martha?	マルタはどこですか？ maruta ha doko desu ka
Im Kino.	映画館にいます。 eiga kan ni i masu
Sie schaut sich einen Film an.	彼女は映画を見ています。 kanojo ha eiga o mi te i masu
Was macht Peter?	ピーターは何をしていますか？ pita ha nani o shi te i masu ka
Er studiert an der Universität.	彼は大学で勉強しています。 kare ha daigaku de benkyou shi te i masu
Er studiert Sprachen.	彼は言語を勉強しています。 kare ha gengo o benkyou shi te i masu

13 [dreizehn]

13 [十三]
13 [juu san]

Tätigkeiten

仕事
shigoto

Wo ist Peter?	ピーターはどこですか？ pita ha doko desu ka
Im Café.	カフェにいます。 kafe ni i masu
Er trinkt Kaffee.	彼はコーヒーを飲んでいます。 kare ha kohi o non de i masu
Wohin gehen sie gern?	彼らはどこへ行くのが好きですか？ karera ha doko he iku no ga suki desu ka
Ins Konzert.	コンサートです。 konsato desu
Sie hören gern Musik.	彼らは音楽を聴くのが好きです。 karera ha ongaku o kiku no ga suki desu
Wohin gehen sie nicht gern?	彼らは行くのが嫌いなところはありますか？ karera ha iku no ga kirai na tokoro ha ari masu ka
In die Disco.	ディスコです。 disuko desu
Sie tanzen nicht gern.	彼らはダンスは好きではないのです。 karera ha dansu ha suki de ha nai no desu

14 [vierzehn]

Farben

14 [十四]
14 [juu yon]

色
iro

Der Schnee ist weiß.	雪は白い。 yuki ha shiroi
Die Sonne ist gelb.	太陽は黄色い。 taiyou ha kiiroi
Die Orange ist orange.	オレンジはオレンジ色。 orenji ha orenji shoku
Die Kirsche ist rot.	さくらんぼうは赤い。 sakura n bou ha akai
Der Himmel ist blau.	空は青い。 sora ha aoi
Das Gras ist grün.	草は緑。 kusa ha midori
Die Erde ist braun.	地面は茶色。 jimen ha chairo
Die Wolke ist grau.	雲は灰色。 kumo ha haiiro
Die Reifen sind schwarz.	タイヤは黒い。 taiya ha kuroi

14 [vierzehn]

14 [十四]
14 [juu yon]

Farben

色
iro

Welche Farbe hat der Schnee? Weiß.
雪は何色ですか？　白。
yuki ha nan shoku desu ka shiro

Welche Farbe hat die Sonne? Gelb.
太陽は何色ですか？　黄色。
taiyou ha nan shoku desu ka kiiro

Welche Farbe hat die Orange? Orange.
オレンジは何色ですか？　オレンジ色。
orenji ha nan shoku desu ka orenji shoku

Welche Farbe hat die Kirsche? Rot.
さくらんぼうは何色ですか？　赤。
sakura n bou ha nan shoku desu ka aka

Welche Farbe hat der Himmel? Blau.
空は何色ですか？　青。
sora ha nan shoku desu ka ao

Welche Farbe hat das Gras? Grün.
草は何色ですか？　緑。
kusa ha nan shoku desu ka midori

Welche Farbe hat die Erde? Braun.
地面は何色ですか？　茶色。
jimen ha nan shoku desu ka chairo

Welche Farbe hat die Wolke? Grau.
雲は何色ですか？　灰色。
kumo ha nan shoku desu ka haiiro

Welche Farbe haben die Reifen? Schwarz.
タイヤは何色ですか？　黒。
taiya ha nan shoku desu ka kuro

15 [fünfzehn]

Früchte und Lebensmittel

15 [十五]
15 [juu go]

果物と食品
kudamono to shokuhin

Ich habe eine Erdbeere.	イチゴがあります。 ichigo ga ari masu
Ich habe eine Kiwi und eine Melone.	キウイとメロンがあります。 kiui to meron ga ari masu
Ich habe eine Orange und eine Grapefruit.	オレンジとグレープフルーツがあります。 orenji to gurepufurutsu ga ari masu
Ich habe einen Apfel und eine Mango.	リンゴとマンゴーがあります。 ringo to mango ga ari masu
Ich habe eine Banane und eine Ananas.	バナナとパイナップルがあります。 banana to painappuru ga ari masu
Ich mache einen Obstsalat.	私はフルーツサラダを作ります。 watashi ha furutsu sarada o tsukuri masu
Ich esse einen Toast.	私はトーストを食べます。 watashi ha tosuto o tabe masu
Ich esse einen Toast mit Butter.	私はバタートーストを食べます。 watashi ha bata tosuto o tabe masu
Ich esse einen Toast mit Butter und Marmelade.	私はバターとジャム付きトーストを食べます。 watashi ha bata to jamu tsuki tosuto o tabe masu

15 [fünfzehn]

Früchte und Lebensmittel

15 [十五]
15 [juu go]

果物と食品
kudamono to shokuhin

Ich esse ein Sandwich.	私はサンドイッチを食べます。 watashi ha sandoicchi o tabe masu
Ich esse ein Sandwich mit Margarine.	私はマーガリン付きサンドイッチを食べます。 watashi ha magarin tsuki sandoicchi o tabe masu
Ich esse ein Sandwich mit Margarine und Tomate.	私はマーガリンとトマトのサンドイッチを食べます。 watashi ha magarin to tomato no sandoicchi o tabe masu
Wir brauchen Brot und Reis.	私達はパンとお米が必要です。 watashi tachi ha pan to o bei ga hitsuyou desu
Wir brauchen Fisch und Steaks.	私達は魚とステーキが必要です。 watashi tachi ha sakana to suteki ga hitsuyou desu
Wir brauchen Pizza und Spagetti.	私達はピザとスパゲッティが必要です。 watashi tachi ha piza to supagetti ga hitsuyou desu
Was brauchen wir noch?	他に何がいりますか？ ta ni nani ga iri masu ka
Wir brauchen Karotten und Tomaten für die Suppe.	スープ用ににんじんとトマトがいります。 supu you ni ninjin to tomato ga iri masu
Wo ist ein Supermarkt?	スーパーマーケットはどこにありますか？ supamaketto ha doko ni ari masu ka

16 [sechzehn]

16 [十六]
16 [juu roku]

Jahreszeiten und Wetter

季節と天気
kisetsu to tenki

Das sind die Jahreszeiten:	季節があります。 kisetsu ga ari masu
Der Frühling, der Sommer,	春、夏、 haru , natsu ,
der Herbst und der Winter.	秋、冬。 aki , fuyu
Der Sommer ist heiß.	夏は暑いです。 natsu ha atsui desu
Im Sommer scheint die Sonne.	夏には太陽が照ります。 natsu ni ha taiyou ga teri masu
Im Sommer gehen wir gern spazieren.	私達は夏には好んで散歩に行きます。 watashi tachi ha natsu ni ha konon de sanpo ni iki masu
Der Winter ist kalt.	冬は寒いです。 fuyu ha samui desu
Im Winter schneit oder regnet es.	冬には雪や雨が降ります。 fuyu ni ha yuki ya ame ga ori masu
Im Winter bleiben wir gern zu Hause.	私達は冬は家にいるのが好きです。 watashi tachi ha fuyu ha ie ni iru no ga suki desu

16 [sechzehn]

16 [十六]
16 [juu roku]

Jahreszeiten und Wetter

季節と天気
kisetsu to tenki

Es ist kalt.
寒いです。
samui desu

Es regnet.
雨が降っています。
ame ga fut te i masu

Es ist windig.
風が強いです。
kaze ga tsuyoi desu

Es ist warm.
暖かいです。
atatakai desu

Es ist sonnig.
日が照っています。
hi ga tet te i masu

Es ist heiter.
よく晴れています。
yoku hare te i masu

Wie ist das Wetter heute?
今日の天気はどうですか？
kyou no tenki ha dou desu ka

Es ist kalt heute.
今日は寒いです。
kyou ha samui desu

Es ist warm heute.
今日は暖かいです。
kyou ha atatakai desu

17 [siebzehn]

Im Haus

17 [十七]
17 [juu nana]

家で
ie de

Hier ist unser Haus.	ここが私達の家です。 koko ga watashi tachi no ie desu
Oben ist das Dach.	上は屋根です。 ue ha yane desu
Unten ist der Keller.	下には地下室があります。 shita ni ha chika shitsu ga ari masu
Hinter dem Haus ist ein Garten.	家の裏には庭があります。 ie no ura ni ha niwa ga ari masu
Vor dem Haus ist keine Straße.	家の前には道路はありません。 ie no mae ni ha douro ha ari mase n
Neben dem Haus sind Bäume.	家の横に木があります。 ie no yoko ni ki ga ari masu
Hier ist meine Wohnung.	これが私のマンション / アパートです。 kore ga watashi no manshon / apato desu
Hier ist die Küche und das Bad.	ここが台所と風呂場です。 koko ga daidokoro to furo jou desu
Dort sind das Wohnzimmer und das Schlafzimmer.	あそこが居間と寝室です。 asoko ga ima to shinshitsu desu

17 [siebzehn]

17 [十七]
17 [juu nana]

Im Haus

家で
ie de

Die Haustür ist geschlossen.	玄関は閉まっています。 genkan ha shimat te i masu
Aber die Fenster sind offen.	でも窓は開いています。 demo mado ha hirai te i masu
Es ist heiß heute.	今日は暑いです。 kyou ha atsui desu
Wir gehen in das Wohnzimmer.	私達は居間に行きます。 watashi tachi ha ima ni iki masu
Dort sind ein Sofa und ein Sessel.	そこにソファーと肘掛け椅子があります。 soko ni sofa to hijikake isu ga ari masu
Setzen Sie sich!	お掛けになってください。 o kake ni nat te kudasai
Dort steht mein Computer.	そこにあるのは私のコンピューターです。 soko ni aru no ha watashi no konpyuta desu
Dort steht meine Stereoanlage.	そこに私のステレオがあります。 soko ni watashi no sutereo ga ari masu
Der Fernseher ist ganz neu.	そのテレビはとても新しいものです。 sono terebi ha totemo atarashii mono desu

18 [achtzehn]

Hausputz

18 [十八]
18 [juu hachi]

掃除
souji

Heute ist Samstag.	今日は土曜日です。 kyou ha doyoubi desu
Heute haben wir Zeit.	今日は時間があります。 kyou ha jikan ga ari masu
Heute putzen wir die Wohnung.	今日はアパートの掃除をします。 kyou ha apato no souji o shi masu
Ich putze das Bad.	私は風呂場を掃除します。 watashi ha furo jou o souji shi masu
Mein Mann wäscht das Auto.	夫は車を洗います。 otto ha kuruma o arai masu
Die Kinder putzen die Fahrräder.	子供達は自転車をきれいにします。 kodomo tachi ha jitensha o kirei ni shi masu
Oma gießt die Blumen.	おばあちゃんは花に水をやります。 o baachan ha hana ni mizu o yari masu
Die Kinder räumen das Kinderzimmer auf.	子供達は子供部屋を片付けます。 kodomo tachi ha kodomobeya o kataduke masu
Mein Mann räumt seinen Schreibtisch auf.	夫は自分の机を片付けます。 otto ha jibun no tsukue o kataduke masu

18 [achtzehn]

18 [十八]
18 [juu hachi]

Hausputz

掃除
souji

Ich stecke die Wäsche in die Waschmaschine.	私は洗濯物を洗濯機に入れます。 watashi ha sentaku butsu o sentaku ki ni ire masu
Ich hänge die Wäsche auf.	私は洗濯物を干します。 watashi ha sentaku butsu o hoshi masu
Ich bügele die Wäsche.	私は洗濯物にアイロンをかけます。 watashi ha sentaku butsu ni airon o kake masu
Die Fenster sind schmutzig.	窓が汚れています。 mado ga yogore te i masu
Der Fußboden ist schmutzig.	床が汚れています。 yuka ga yogore te i masu
Das Geschirr ist schmutzig.	食器が汚れています。 shokki ga yogore te i masu
Wer putzt die Fenster?	だれが窓掃除をしますか？ dare ga mado souji o shi masu ka
Wer saugt Staub?	だれが掃除機をかけますか？ dare ga souji ki o kake masu ka
Wer spült das Geschirr?	だれが食器を洗いますか？ dare ga shokki o arai masu ka

19 [neunzehn]

In der Küche

19 [十九]
19 [juu kyuu]

台所で
daidokoro de

Hast du eine neue Küche?	台所を新しくしましたか？ daidokoro o atarashiku shi mashi ta ka
Was willst du heute kochen?	今日、何を料理しますか？ kyou , nani o ryouri shi masu ka
Kochst du elektrisch oder mit Gas?	コンロは電気？それともガスで料理しますか？ konro ha denki soretomo gasu de ryouri shi masu ka
Soll ich die Zwiebeln schneiden?	たまねぎを切りましょうか？ tamanegi o kiri masho u ka
Soll ich die Kartoffeln schälen?	ジャガイモの皮をむきましょうか？ jagaimo no kawa o muki masho u ka
Soll ich den Salat waschen?	サラダ菜を洗いましょうか？ saradana o arai masho u ka
Wo sind die Gläser?	コップはどこですか？ koppu ha doko desu ka
Wo ist das Geschirr?	食器はどこですか？ shokki ha doko desu ka
Wo ist das Besteck?	ナイフやフォークはどこですか？ naifu ya foku ha doko desu ka

19 [neunzehn]

In der Küche

19 [十九]

19 [juu kyuu]

台所で

daidokoro de

Hast du einen Dosenöffner?	缶切りを持っていますか？ kankiri o mot te i masu ka
Hast du einen Flaschenöffner?	栓抜きを持っていますか？ sen nuki o mot te i masu ka
Hast du einen Korkenzieher?	ワインの栓抜きを持っていますか？ wain no sen nuki o mot te i masu ka
Kochst du die Suppe in diesem Topf?	このなべでスープを作りますか？ kono nabe de supu o tsukuri masu ka
Brätst du den Fisch in dieser Pfanne?	このフライパンで魚を焼きますか？ kono furaipan de sakana o yaki masu ka
Grillst du das Gemüse auf diesem Grill?	このグリルで野菜をグリルしますか？ kono guriru de yasai o guriru shi masu ka
Ich decke den Tisch.	食べる用意をします。 taberu youi o shi masu
Hier sind die Messer, Gabeln und Löffel.	ナイフ、フォーク、スプーンはここです。 naifu , foku , supun ha koko desu
Hier sind die Gläser, die Teller und die Servietten.	コップ、お皿、ナプキンはここです。 koppu , o sara , napukin ha koko desu

20 [zwanzig]

Small Talk 1

20 [二十]
20 [ni juu]

スモール・トーク 1
sumoru ·.·· toku 1

Machen Sie es sich bequem!
楽にしてください！
raku ni shi te kudasai !

Fühlen Sie sich wie zu Hause!
自宅のつもりで、ゆっくりしてください！
jitaku no tsumori de , yukkuri shi te kudasai !

Was möchten Sie trinken?
飲み物は何にしますか？
nomimono ha nani ni shi masu ka

Lieben Sie Musik?
音楽は好きですか？
ongaku ha suki desu ka

Ich mag klassische Musik.
私はクラシックが好きです。
watashi ha kurashikku ga suki desu

Hier sind meine CDs.
これが私のCDです。
kore ga watashi no CD desu

Spielen Sie ein Instrument?
何か楽器を演奏しますか？
nani ka gakki o ensou shi masu ka

Hier ist meine Gitarre.
これが私のギターです。
kore ga watashi no gita desu

Singen Sie gern?
歌うのは好きですか？
utau no ha suki desu ka

20 [zwanzig]

Small Talk 1

20 [二十]
20 [ni juu]

スモール・トーク 1
sumoru ·.·· toku 1

Haben Sie Kinder?	お子さんはいますか？ okosan ha i masu ka
Haben Sie einen Hund?	犬を飼っていますか？ inu o kat te i masu ka
Haben Sie eine Katze?	猫を飼っていますか？ neko o kat te i masu ka
Hier sind meine Bücher.	これは私の本です。 kore ha watashi no hon desu
Ich lese gerade dieses Buch.	今、この本を読んでいます。 ima , kono hon o yon de i masu
Was lesen Sie gern?	好きな読み物は何ですか？ suki na yomimono ha nani desu ka
Gehen Sie gern ins Konzert?	コンサートに行くのは好きですか？ konsato ni iku no ha suki desu ka
Gehen Sie gern ins Theater?	劇場に行くのは好きですか？ gekijou ni iku no ha suki desu ka
Gehen Sie gern in die Oper?	オペラを観るのは好きですか？ opera o miru no ha suki desu ka

21 [einundzwanzig]

Small Talk 2

21 [二十一]
21 [ni juu ichi]

スモール・トーク２
sumoru ·.·· toku 2

Woher kommen Sie?	出身はどちらですか？ shusshin ha dochira desu ka
Aus Basel.	ベイゼルです。 beizeru desu
Basel liegt in der Schweiz.	ベイゼルはスイスにあります。 beizeru ha suisu ni ari masu
Darf ich Ihnen Herrn Müller vorstellen?	ミィラー氏をご紹介させてください。 mira shi o go shoukai sa se te kudasai
Er ist Ausländer.	彼は外国人です。 kare ha gaikoku jin desu
Er spricht mehrere Sprachen.	彼は複数の外国語を話します。 kare ha fukusuu no gaikoku go o hanashi masu
Sind Sie zum ersten Mal hier?	ここへは初めてですか？ koko he ha hajimete desu ka
Nein, ich war schon letztes Jahr hier.	いいえ、去年来たことがあります。 iie , kyonen ki ta koto ga ari masu
Aber nur eine Woche lang.	でもわずか一週間でした。 demo wazuka ichi shuukan deshi ta

21 [einundzwanzig]

Small Talk 2

21 [二十一]
21 [ni juu ichi]

スモール・トーク 2

sumoru ·.·· toku 2

Wie gefällt es Ihnen bei uns?	こちらは気に入りましたか？ kochira ha kiniiri mashi ta ka
Sehr gut. Die Leute sind nett.	ええ、とても。人々がとても親切です。 ee , totemo hitobito ga totemo shinsetsu desu
Und die Landschaft gefällt mir auch.	景色も気に入りました。 keshiki mo kiniiri mashi ta
Was sind Sie von Beruf?	ご職業は？ go shokugyou ha
Ich bin Übersetzer.	私は翻訳家です。 watashi ha honyaku ka desu
Ich übersetze Bücher.	私は書物の翻訳をしています。 watashi ha shomotsu no honyaku o shi te i masu
Sind Sie allein hier?	こちらでは一人ですか？ kochira de ha ichi nin desu ka
Nein, meine Frau / mein Mann ist auch hier.	いいえ、妻 / 夫も一緒です。 iie , tsuma / otto mo issho desu
Und dort sind meine beiden Kinder.	あそこにいるのが私の二人の子供です。 asoko ni iru no ga watashi no ni nin no kodomo desu

22
[zweiundzwanzig]

Small Talk 3

22 [二十二]
22 [ni juu ni]

スモール・トーク3
sumoru ·.·· toku 3

Rauchen Sie?	タバコを吸いますか？ tabako o sui masu ka
Früher ja.	昔は吸っていました。 mukashi ha sut te i mashi ta
Aber jetzt rauche ich nicht mehr.	でも今はもう吸っていません。 demo ima ha mou sut te i mase n
Stört es Sie, wenn ich rauche?	タバコを吸ってもかまいませんか？ tabako o sut te mo kamai mase n ka
Nein, absolut nicht.	ぜんぜんかまいませんよ。 zenzen kamai mase n yo
Das stört mich nicht.	私は気になりません。 watashi ha ki ni nari mase n
Trinken Sie etwas?	何かお飲みになりますか？ nani ka o nomi ni nari masu ka
Einen Cognac?	ブランデーはいかがですか？ burande ha ikaga desu ka
Nein, lieber ein Bier.	いえ、ビールがいいです。 ie , biru ga ii desu

22
[zweiundzwanzig]

Small Talk 3

22 [二十二]
22 [ni juu ni]

スモール・トーク３
sumoru ·.·· toku 3

Reisen Sie viel?
よく旅行をしますか？
yoku ryokou o shi masu ka

Ja, meistens sind das Geschäftsreisen.
はい、たいていは出張です。
hai , taitei ha shucchou desu

Aber jetzt machen wir hier Urlaub.
でもここへは休暇で来ています。
demo koko he ha kyuuka de ki te i masu

Was für eine Hitze!
なんていう暑さでしょう！
nan teiu atsu sa desho u !

Ja, heute ist es wirklich heiß.
ええ、今日は本当に暑いです。
ee , kyou ha hontouni atsui desu

Gehen wir auf den Balkon.
バルコニーへ行きましょう。
barukoni he iki masho u

Morgen gibt es hier eine Party.
明日、ここでパーティーがあります。
ashita , koko de pati ga ari masu

Kommen Sie auch?
あなたも来ますか？
anata mo ki masu ka

Ja, wir sind auch eingeladen.
ええ、私達も招待されています。
ee , watashi tachi mo shoutai sa re te i masu

23 [dreiundzwanzig]

Fremdsprachen lernen

23 [二十三]
23 [ni juu san]

外国語を学ぶ
gaikoku go o manabu

Wo haben Sie Spanisch gelernt?	どこでスペイン語を勉強したのですか？ doko de supein go o benkyou shi ta no desu ka
Können Sie auch Portugiesisch?	ポルトガル語も話せますか？ porutogaru go mo hanase masu ka
Ja, und ich kann auch etwas Italienisch.	ええ、イタリア語も少し出来ます。 ee , itaria go mo sukoshi deki masu
Ich finde, Sie sprechen sehr gut.	あなたはとても上手に話しますね。 anata ha totemo jouzu ni hanashi masu ne
Die Sprachen sind ziemlich ähnlich.	これらの言葉はとてもよく似ています。 korera no kotoba ha totemo yoku ni te i masu
Ich kann sie gut verstehen.	あなたの言うことはとても理解しやすいです。 anata no iu koto ha totemo rikai shi yasui desu
Aber sprechen und schreiben ist schwer.	でも話すことと書くことは難しいです。 demo hanasu koto to kaku koto ha muzukashii desu
Ich mache noch viele Fehler.	まだ、たくさん間違えます。 mada , takusan machigae masu
Bitte korrigieren Sie mich immer.	（間違えたら）必ず訂正してください。 (machigae tara) kanarazu teisei shi te kudasai

23 [dreiundzwanzig]

Fremdsprachen lernen

23 [二十三]
23 [ni juu san]

外国語を学ぶ
gaikoku go o manabu

Ihre Aussprache ist ganz gut.
あなたの発音はとても良いです。
anata no hatsuon ha totemo yoi desu

Sie haben einen kleinen Akzent.
あなたは少しアクセントがありますね。
anata ha sukoshi akusento ga ari masu ne

Man erkennt, woher Sie kommen.
あなたがどこの出身だかわかります。
anata ga doko no shusshin da ka wakari masu

Was ist Ihre Muttersprache?
あなたの母国語は何ですか？
anata no bokoku go ha nani desu ka

Machen Sie einen Sprachkurs?
語学教室に通っていますか？
gogaku kyoushitsu ni kayot te i masu ka

Welches Lehrwerk benutzen Sie?
どんな教材を使っていますか？
donna kyouzai o tsukat te i masu ka

Ich weiß im Moment nicht, wie das heißt.
どういう名前だか、今はわかりません。
douiu namae da ka , ima ha wakari mase n

Mir fällt der Titel nicht ein.
題名が思い浮かびません。
daimei ga omoi ukabi mase n

Ich habe das vergessen.
忘れてしまいました。
wasure te shimai mashi ta

24 [vierundzwanzig]

Verabredung

24 [二十四]
24 [ni juu yon]

約束
yakusoku

Hast du den Bus verpasst?	バスに乗り遅れたのですか？ basu ni noriokure ta no desu ka
Ich habe eine halbe Stunde auf dich gewartet.	私は30分もあなたを待っていました。 watashi ha 30 fun mo anata o mat te i mashi ta
Hast du kein Handy bei dir?	あなたは携帯電話を持ってないのですか？ anata ha keitai denwa o mot te nai no desu ka
Sei das nächste Mal pünktlich!	今度は遅れないように！ kondo ha okure nai you ni !
Nimm das nächste Mal ein Taxi!	今度はタクシーで来なさい！ kondo ha takushi de ki nasai !
Nimm das nächste Mal einen Regenschirm mit!	今度は傘を持ってくるように！ kondo ha kasa o mot te kuru you ni !
Morgen habe ich frei.	明日は時間があります。 ashita ha jikan ga ari masu
Wollen wir uns morgen treffen?	明日、会いましょうか？ ashita , ai masho u ka
Tut mir Leid, morgen geht es bei mir nicht.	残念ながら、明日は都合が悪いです。 zannen nagara , ashita ha tsugou ga warui desu

24 [vierundzwanzig]

Verabredung

24 [二十四]
24 [ni juu yon]

約束
yakusoku

Hast du dieses Wochenende schon etwas vor?	今週末、もう予定が入っていますか？ konshuu matsu , mou yotei ga hait te i masu ka
Oder bist du schon verabredet?	それとも、先約があるのですか？ soretomo , senyaku ga aru no desu ka
Ich schlage vor, wir treffen uns am Wochenende.	週末に会おうと思いますが、どうですか。 shuumatsu ni ao u to omoi masu ga , dou desu ka
Wollen wir Picknick machen?	ピクニックに行きましょうか？ pikunikku ni iki masho u ka
Wollen wir an den Strand fahren?	浜辺に行きましょうか？ hamabe ni iki masho u ka
Wollen wir in die Berge fahren?	山に行きましょうか？ yama ni iki masho u ka
Ich hole dich vom Büro ab.	オフィスに迎えに行きます。 ofisu ni mukae ni iki masu
Ich hole dich von zu Hause ab.	家に迎えに行きます。 ie ni mukae ni iki masu
Ich hole dich an der Bushaltestelle ab.	バス停まで迎えに行きます。 basutei made mukae ni iki masu

25 [fünfundzwanzig]

In der Stadt

25 [二十五]
25 [ni juu go]

街で
machi de

Ich möchte zum Bahnhof.
駅に行きたいのですが。
eki ni iki tai no desu ga

Ich möchte zum Flughafen.
空港に行きたいのですが。
kuukou ni iki tai no desu ga

Ich möchte ins Stadtzentrum.
都心に行きたいのですが。
toshin ni iki tai no desu ga

Wie komme ich zum Bahnhof?
駅へはどうやって行けばいいですか？
eki he ha dou yat te ike ba ii desu ka

Wie komme ich zum Flughafen?
空港へはどうやって行けばいいですか？
kuukou he ha dou yat te ike ba ii desu ka

Wie komme ich ins Stadtzentrum?
都心へはどうやって行けばいいですか？
toshin he ha dou yat te ike ba ii desu ka

Ich brauche ein Taxi.
私はタクシーが必要です。
watashi ha takushi ga hitsuyou desu

Ich brauche einen Stadtplan.
私は市街地図が必要です。
watashi ha shigai chizu ga hitsuyou desu

Ich brauche ein Hotel.
私はホテルが必要です。
watashi ha hoteru ga hitsuyou desu

25 [fünfundzwanzig]

In der Stadt

25 [二十五]
25 [ni juu go]

街で
machi de

Ich möchte ein Auto mieten.	私はレンタカーを借りたいです。 watashi ha rentaka o kari tai desu
Hier ist meine Kreditkarte.	私のクレジットカードです。 watashi no kurejittokado desu
Hier ist mein Führerschein.	私の免許証です。 watashi no menkyo shou desu
Was gibt es in der Stadt zu sehen?	街の見所はありますか？ machi no midokoro ha ari masu ka
Gehen Sie in die Altstadt.	旧市街へ行ってごらんなさい。 kyuu shigai he it te goran nasai
Machen Sie eine Stadtrundfahrt.	市内観光ツアーに参加してごらんなさい。 shinai kankou tsua ni sanka shi te goran nasai
Gehen Sie zum Hafen.	港へ行ってごらんなさい。 minato he it te goran nasai
Machen Sie eine Hafenrundfahrt.	港の遊覧観光ツアーに行ってごらんなさい。 minato no yuuran kankou tsua ni it te goran nasai
Welche Sehenswürdigkeiten gibt es außerdem noch?	他に、どんな見所がありますか？ ta ni , donna midokoro ga ari masu ka

26
[sechsundzwanzig]

In der Natur

26 [二十六]
26 [ni juu roku]

自然の中で
shizen no naka de

Siehst du dort den Turm?	あそこの塔が見えますか？ asoko no tou ga mie masu ka
Siehst du dort den Berg?	あそこの山が見えますか？ asoko no yama ga mie masu ka
Siehst du dort das Dorf?	あそこの村が見えますか？ asoko no mura ga mie masu ka
Siehst du dort den Fluss?	あそこの川が見えますか？ asoko no kawa ga mie masu ka
Siehst du dort die Brücke?	あそこの橋が見えますか？ asoko no hashi ga mie masu ka
Siehst du dort den See?	あそこの湖が見えますか？ asoko no mizuumi ga mie masu ka
Der Vogel da gefällt mir.	あそこの鳥が気に入りました。 asoko no tori ga kiniiri mashi ta
Der Baum da gefällt mir.	あそこの木が気に入りました。 asoko no ki ga kiniiri mashi ta
Der Stein hier gefällt mir.	この石が気に入りました。 kono ishi ga kiniiri mashi ta

26
[sechsundzwanzig]

In der Natur

26 [二十六]
26 [ni juu roku]

自然の中で

shizen no naka de

Der Park da gefällt mir.	あそこの公園が気に入りました。 asoko no kouen ga kiniiri mashi ta
Der Garten da gefällt mir.	あそこの庭が気に入りました。 asoko no niwa ga kiniiri mashi ta
Die Blume hier gefällt mir.	この花が気に入りました。 kono hana ga kiniiri mashi ta
Ich finde das hübsch.	きれいですね。 kirei desu ne
Ich finde das interessant.	面白いですね。 omoshiroi desu ne
Ich finde das wunderschön.	とても美しいですね。 totemo utsukushii desu ne
Ich finde das hässlich.	醜いですね。 minikui desu ne
Ich finde das langweilig.	退屈ですね。 taikutsu desu ne
Ich finde das furchtbar.	ひどいですね。 hidoi desu ne

27
[siebenundzwanzig]

Im Hotel –
Ankunft

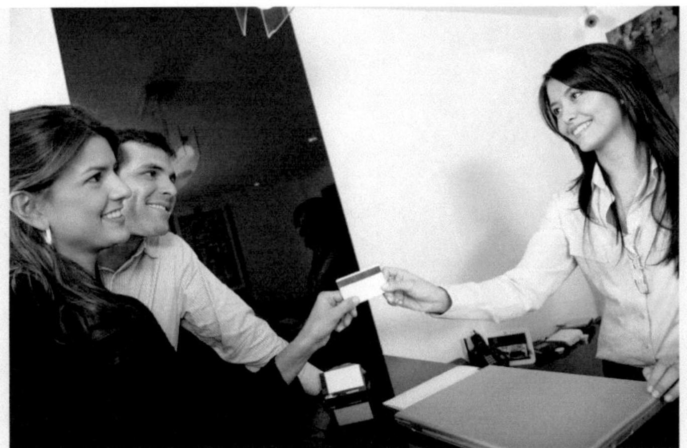

27 [二十七]
27 [ni juu nana]

ホテルでー到着
hoteru de ---- touchaku

Haben Sie ein Zimmer frei?	部屋は空いてますか？ heya ha ai te masu ka
Ich habe ein Zimmer reserviert.	部屋を予約してあります。 heya o yoyaku shi te ari masu
Mein Name ist Müller.	私の名前はミィラーです。 watashi no namae ha mira desu
Ich brauche ein Einzelzimmer.	シングルルーム一部屋お願いします。 shinguru rumu ichi heya onegai shi masu
Ich brauche ein Doppelzimmer.	ダブルルーム一部屋お願いします。 daburu rumu ichi heya onegai shi masu
Wie viel kostet das Zimmer pro Nacht?	一泊いくらですか？ ichi haku ikura desu ka
Ich möchte ein Zimmer mit Bad.	バスタブ付きの部屋をお願いします。 basu tabu tsuki no heya o onegai shi masu
Ich möchte ein Zimmer mit Dusche.	シャワー付きの部屋をお願いします。 shawa tsuki no heya o onegai shi masu
Kann ich das Zimmer sehen?	部屋を見せてもらえますか？ heya o mise te morae masu ka

27
[siebenundzwanzig]

Im Hotel – Ankunft

27 [二十七]
27 [ni juu nana]

ホテルでー到着
hoteru de ---- touchaku

Gibt es hier eine Garage?	車庫はありますか？ shako ha ari masu ka
Gibt es hier einen Safe?	金庫はありますか？ kinko ha ari masu ka
Gibt es hier ein Fax?	ファックスはありますか？ fakkusu ha ari masu ka
Gut, ich nehme das Zimmer.	この部屋にします。 kono heya ni shi masu
Hier sind die Schlüssel.	鍵はこちらです。 kagi ha kochira desu
Hier ist mein Gepäck.	これが私の荷物です。 kore ga watashi no nimotsu desu
Um wie viel Uhr gibt es Frühstück?	朝食は何時ですか？ choushoku ha nan ji desu ka
Um wie viel Uhr gibt es Mittagessen?	昼食は何時ですか？ chuushoku ha nan ji desu ka
Um wie viel Uhr gibt es Abendessen?	夕食は何時ですか？ yuushoku ha nan ji desu ka

28
[achtundzwanzig]

Im Hotel – Beschwerden

28 [二十八]
28 [ni juu hachi]

ホテルでー苦情
hoteru de ---- kujou

Die Dusche funktioniert nicht. シャワーが壊れています。
shawa ga koware te i masu

Es kommt kein warmes Wasser. お湯が出ません。
oyu ga de mase n

Können Sie das reparieren lassen? 修理してもらえますか？
shuuri shi te morae masu ka

Es gibt kein Telefon im Zimmer. 部屋に電話がついていません。
heya ni denwa ga tsui te i mase n

Es gibt keinen Fernseher im Zimmer. 部屋にテレビがありません。
heya ni terebi ga ari mase n

Das Zimmer hat keinen Balkon. 部屋にバルコニーがありません。
heya ni barukoni ga ari mase n

Das Zimmer ist zu laut. 部屋がうるさすぎます。
heya ga urusa sugi masu

Das Zimmer ist zu klein. 部屋が小さすぎます。
heya ga chiisa sugi masu

Das Zimmer ist zu dunkel. 部屋が暗すぎます。
heya ga kura sugi masu

28
[achtundzwanzig]

Im Hotel – Beschwerden

28 [二十八]
28 [ni juu hachi]

ホテルで ― 苦情
hoteru de ---- kujou

Die Heizung funktioniert nicht.	暖房が効きません。 danbou ga kiki mase n
Die Klimaanlage funktioniert nicht.	エアコンが効きません。 eakon ga kiki mase n
Der Fernseher ist kaputt.	テレビが壊れています。 terebi ga koware te i masu
Das gefällt mir nicht.	気に入りません。 kiniiri mase n
Das ist mir zu teuer.	高すぎます。 taka sugi masu
Haben Sie etwas Billigeres?	もっと安いのはありますか？ motto yasui no ha ari masu ka
Gibt es hier in der Nähe eine Jugendherberge?	近くにユースホステルはありますか？ chikaku ni yusuhosuteru ha ari masu ka
Gibt es hier in der Nähe eine Pension?	近くにペンションはありますか？ chikaku ni penshon ha ari masu ka
Gibt es hier in der Nähe ein Restaurant?	近くにレストランはありますか？ chikaku ni resutoran ha ari masu ka

29
[neunundzwanzig]

Im Restaurant 1

29 [二十九]
29 [ni juu kyuu]

レストランで 1

resutoran de 1

Ist der Tisch frei?	このテーブルは空いていますか？ kono teburu ha ai te i masu ka
Ich möchte bitte die Speisekarte.	メニューをお願いします。 menyu o onegai shi masu
Was können Sie empfehlen?	お勧めは何ですか？ o susume ha nani desu ka
Ich hätte gern ein Bier.	ビールをください。 biru o kudasai
Ich hätte gern ein Mineralwasser.	ミネラルウォーターをください。 mineraru wota o kudasai
Ich hätte gern einen Orangensaft.	オレンジジュースをください。 orenji jusu o kudasai
Ich hätte gern einen Kaffee.	コーヒーをください。 kohi o kudasai
Ich hätte gern einen Kaffee mit Milch.	コーヒーをミルク付きでお願いします。 kohi o miruku tsuki de onegai shi masu
Mit Zucker, bitte.	砂糖もお願いします。 satou mo onegai shi masu

29
[neunundzwanzig]

Im Restaurant 1

29 [二十九]
29 [ni juu kyuu]

レストランで 1
resutoran de 1

Ich möchte einen Tee.	紅茶をください。 koucha o kudasai
Ich möchte einen Tee mit Zitrone.	レモンティーをください。 remonti o kudasai
Ich möchte einen Tee mit Milch.	ミルクティーをください。 miruku ti o kudasai
Haben Sie Zigaretten?	タバコはありますか？ tabako ha ari masu ka
Haben Sie einen Aschenbecher?	灰皿はありますか？ haizara ha ari masu ka
Haben Sie Feuer?	ライターはありますか？ raita ha ari masu ka
Mir fehlt eine Gabel.	フォークが足りません。 foku ga tari mase n
Mir fehlt ein Messer.	ナイフが足りません。 naifu ga tari mase n
Mir fehlt ein Löffel.	スプーンが足りません。 supun ga tari mase n

30 [dreißig]

30 [三十]
30 [san juu]

Im Restaurant 2

レストランで 2
resutoran de 2

Einen Apfelsaft, bitte.	リンゴジュースをお願いします。 ringo jusu o onegai shi masu
Eine Limonade, bitte.	レモネードをお願いします。 remonedo o onegai shi masu
Einen Tomatensaft, bitte.	トマトジュースをお願いします。 tomato jusu o onegai shi masu
Ich hätte gern ein Glas Rotwein.	赤ワインを一杯ください。 akawain o ippai kudasai
Ich hätte gern ein Glas Weißwein.	白ワインを一杯ください。 shiro wain o ippai kudasai
Ich hätte gern eine Flasche Sekt.	シャンペンを一杯ください。 shanpen o ippai kudasai
Magst du Fisch?	魚は好きですか？ sakana ha suki desu ka
Magst du Rindfleisch?	牛肉は好きですか？ gyuuniku ha suki desu ka
Magst du Schweinefleisch?	豚肉は好きですか？ butaniku ha suki desu ka

30 [dreißig]

Im Restaurant 2

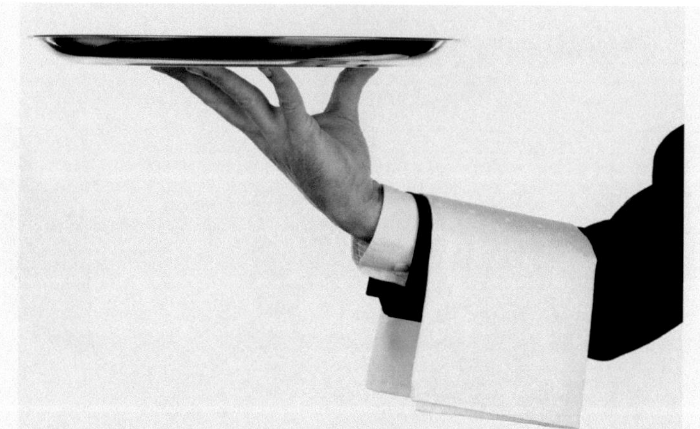

30 [三十]

30 [san juu]

レストランで 2

resutoran de 2

Ich möchte etwas ohne Fleisch.

何か、肉料理以外のものをお願いします。

nani ka , niku ryouri igai no mono o onegai shi masu

Ich möchte eine Gemüseplatte.

野菜の盛り合わせをお願いします。

yasai no moriawase o onegai shi masu

Ich möchte etwas, was nicht lange dauert.

早くできるものをお願いします。

hayaku dekiru mono o onegai shi masu

Möchten Sie das mit Reis?

ライス付きにしますか？

raisu tsuki ni shi masu ka

Möchten Sie das mit Nudeln?

ヌードル付きにしますか？

nudoru tsuki ni shi masu ka

Möchten Sie das mit Kartoffeln?

ジャガイモ付きにしますか？

jagaimo tsuki ni shi masu ka

Das schmeckt mir nicht.

口に合いません。

kuchi ni ai mase n

Das Essen ist kalt.

料理が冷めています。

ryouri ga same te i masu

Das habe ich nicht bestellt.

これは注文していません。

kore ha chuumon shi te i mase n

31 [einunddreißig]

31 [三十一]
31 [san juu ichi]

Im Restaurant 3

レストランで 3
resutoran de 3

Ich möchte eine Vorspeise.	前菜をください。 zensai o kudasai
Ich möchte einen Salat.	サラダをください。 sarada o kudasai
Ich möchte eine Suppe.	スープをください。 supu o kudasai
Ich möchte einen Nachtisch.	デザートをください。 dezato o kudasai
Ich möchte ein Eis mit Sahne.	アイスクリーム生クリーム添えをお願いします。 aisukurimu namakurimu soe o onegai shi masu
Ich möchte Obst oder Käse.	果物かチーズをお願いします。 kudamono ka chizu o onegai shi masu
Wir möchten frühstücken.	朝食にしましょう。 choushoku ni shi masho u
Wir möchten zu Mittag essen.	昼ご飯にしましょう。 hiru gohan ni shi masho u
Wir möchten zu Abend essen.	夕食にしましょう。 yuushoku ni shi masho u

31 [einunddreißig]

Im Restaurant 3

31 [三十一]

31 [san juu ichi]

レストランで３

resutoran de 3

Was möchten Sie zum Frühstück?	朝食には何がいいですか？ choushoku ni ha nani ga ii desu ka
Brötchen mit Marmelade und Honig?	ジャムと蜂蜜のついたロールパンはいかがですか？ jamu to hachimitsu no tsui ta rorupan ha ikaga desu ka
Toast mit Wurst und Käse?	ソーセージとチーズを載せたトーストはいかがですか？ soseji to chizu o nose ta tosuto ha ikaga desu ka
Ein gekochtes Ei?	ゆで卵はいかがですか？ yude tamago ha ikaga desu ka
Ein Spiegelei?	目玉焼きはいかがですか？ medamayaki ha ikaga desu ka
Ein Omelett?	オムレツはいかがですか？ omuretsu ha ikaga desu ka
Bitte noch einen Joghurt.	ヨーグルトをもう一つお願いします。 yoguruto o mou hitotsu onegai shi masu
Bitte noch Salz und Pfeffer.	塩コショウをお願いします。 shio koshou o onegai shi masu
Bitte noch ein Glas Wasser.	水をもう一杯お願いします。 mizu o mou ichi hai onegai shi masu

32 [zweiunddreißig]

Im Restaurant 4

32 [三十二]
32 [san juu ni]

レストランで 4

resutoran de 4

Einmal Pommes frites mit Ketchup.	フライドポテト、ケチャップ付き。 furaidopoteto , kechappu tsuki
Und zweimal mit Mayonnaise.	マヨネーズ付きで二つ。 mayonezu tsuki de futatsu
Und dreimal Bratwurst mit Senf.	マスタード付き焼きソーゼージを三つ。 masutado tsuki yaki sozeji o mittsu
Was für Gemüse haben Sie?	野菜は何がありますか？ yasai ha nani ga ari masu ka
Haben Sie Bohnen?	豆はありますか？ mame ha ari masu ka
Haben Sie Blumenkohl?	カリフラワーはありますか？ karifurawa ha ari masu ka
Ich esse gern Mais.	とうもろこしが好きです。 toumorokoshi ga suki desu
Ich esse gern Gurken.	きゅうりが好きです。 kyuuri ga suki desu
Ich esse gern Tomaten.	トマトが好きです。 tomato ga suki desu

32 [zweiunddreißig]

32 [三十二]

32 [san juu ni]

Im Restaurant 4

レストランで 4

resutoran de 4

Essen Sie auch gern Lauch?	ねぎも好きですか？ negi mo suki desu ka
Essen Sie auch gern Sauerkraut?	ザウアークラウトも好きですか？ zauakurauto mo suki desu ka
Essen Sie auch gern Linsen?	レンズマメも好きですか？ renzu mame mo suki desu ka
Isst du auch gern Karotten?	にんじんも好きですか？ ninjin mo suki desu ka
Isst du auch gern Brokkoli?	ブロッコリーも好きですか？ burokkori mo suki desu ka
Isst du auch gern Paprika?	パプリカも好きですか？ papurika mo suki desu ka
Ich mag keine Zwiebeln.	たまねぎは嫌いです。 tamanegi ha kirai desu
Ich mag keine Oliven.	オリーブは嫌いです。 oribu ha kirai desu
Ich mag keine Pilze.	きのこは嫌いです。 kinoko ha kirai desu

33 [dreiunddreißig]

33 [三十三]
33 [san juu san]

Im Bahnhof

駅で
eki de

Wann fährt der nächste Zug nach Berlin?
次のベルリン行きの列車はいつですか？
tsugi no berurin iki no ressha ha i tsu desu ka

Wann fährt der nächste Zug nach Paris?
次のパリ行きの列車はいつですか？
tsugi no pari iki no ressha ha i tsu desu ka

Wann fährt der nächste Zug nach London?
次のロンドン行きの列車はいつですか？
tsugi no rondon iki no ressha ha i tsu desu ka

Um wie viel Uhr fährt der Zug nach Warschau?
ワルシャワ行きの列車は何時発ですか？
warushawa iki no ressha ha itsu hatsu desu ka

Um wie viel Uhr fährt der Zug nach Stockholm?
ストックホルム行きの列車は何時発ですか？
sutokkuhorumu iki no ressha ha itsu hatsu desu ka

Um wie viel Uhr fährt der Zug nach Budapest?
ブダペスト行きの列車は何時発ですか？
budapesuto iki no ressha ha itsu hatsu desu ka

Ich möchte eine Fahrkarte nach Madrid.
マドリッドまで一枚お願いします。
madoriddo made ichi mai onegai shi masu

Ich möchte eine Fahrkarte nach Prag.
プラハまで一枚お願いします。
puraha made ichi mai onegai shi masu

Ich möchte eine Fahrkarte nach Bern.
ベルンまで一枚お願いします。
berun made ichi mai onegai shi masu

33 [dreiunddreißig]

Im Bahnhof

33 [三十三]
33 [san juu san]

駅で

eki de

Wann kommt der Zug in Wien an?
列車は何時にウィーンに着きますか？
ressha ha nan ji ni win ni tsuki masu ka

Wann kommt der Zug in Moskau an?
列車は何時にモスクワに着きますか？
ressha ha nan ji ni mosukuwa ni tsuki masu ka

Wann kommt der Zug in Amsterdam an?
列車は何時にアムステルダムに着きますか？
ressha ha nan ji ni amusuterudamu ni tsuki masu ka

Muss ich umsteigen?
乗り換えはありますか？
norikae ha ari masu ka

Von welchem Gleis fährt der Zug ab?
何番ホームから発車ですか？
nan ban homu kara hassha desu ka

Gibt es Schlafwagen im Zug?
寝台車はありますか？
shindai sha ha ari masu ka

Ich möchte nur die Hinfahrt nach Brüssel.
ブリュッセルまで片道お願いします。
buryusseru made katamichi onegai shi masu

Ich möchte eine Rückfahrkarte nach Kopenhagen.
コペンハーゲンまで帰りの切符をお願いします。
kopenhagen made kaeri no kippu o onegai shi masu

Was kostet ein Platz im Schlafwagen?
寝台車の料金はいくらですか？
shindai sha no ryoukin ha ikura desu ka

34 [vierunddreißig]

Im Zug

34 [三十四]
34 [san juu yon]

列車で
ressha de

Ist das der Zug nach Berlin?	これはベルリン行きですか？ kore ha berurin iki desu ka
Wann fährt der Zug ab?	列車は何時発ですか？ ressha ha itsu hatsu desu ka
Wann kommt der Zug in Berlin an?	ベルリンには何時に到着ですか？ berurin ni ha nan ji ni touchaku desu ka
Verzeihung, darf ich vorbei?	すみません、通してください。 sumimasen , tooshi te kudasai
Ich glaube, das ist mein Platz.	それは私の席だと思いますが。 sore ha watashi no seki da to omoi masu ga
Ich glaube, Sie sitzen auf meinem Platz.	あなたが座っているのは、私の席だと思います。 anata ga suwat te iru no ha , watashi no seki da to omoi masu
Wo ist der Schlafwagen?	寝台車はどこですか？ shindai sha ha doko desu ka
Der Schlafwagen ist am Ende des Zuges.	寝台車は、列車の最後尾です。 shindai sha ha , ressha no sai koubi desu
Und wo ist der Speisewagen? – Am Anfang.	食堂車はどこですか？　ー　一番前です。 shokudou sha ha doko desu ka ---- ichi ban mae desu

34 [vierunddreißig]

Im Zug

34 [三十四]
34 [san juu yon]

列車で
ressha de

Kann ich unten schlafen?	下段に寝たいのですが。 gedan ni ne tai no desu ga
Kann ich in der Mitte schlafen?	中段に寝たいのですが。 chuudan ni ne tai no desu ga
Kann ich oben schlafen?	上段に寝たいのですが。 joudan ni ne tai no desu ga
Wann sind wir an der Grenze?	国境にはいつ着きますか？ kokkyou ni ha itsu tsuki masu ka
Wie lange dauert die Fahrt nach Berlin?	ベルリンまではどのくらいかかりますか？ berurin made ha dono kurai kakari masu ka
Hat der Zug Verspätung?	列車は遅れていますか？ ressha ha okure te i masu ka
Haben Sie etwas zu lesen?	何か読むものを持っていますか？ nani ka yomu mono o mot te i masu ka
Kann man hier etwas zu essen und zu trinken bekommen?	ここで、何か食べ物や飲み物が買えますか？ koko de , nani ka tabemono ya nomimono ga kae masu ka
Würden Sie mich bitte um 7.00 Uhr wecken?	朝7時に起こしてもらえますか？ asa 7 ji ni okoshi te morae masu ka

35 [fünfunddreißig]

Am Flughafen

35 [三十五]
35 [san juu go]

空港で
kuukou de

Ich möchte einen Flug nach Athen buchen.	アテネ行きの便を予約したいのですが。 atene iki no bin o yoyaku shi tai no desu ga
Ist das ein Direktflug?	直行便ですか？ chokkou bin desu ka
Bitte einen Fensterplatz, Nichtraucher.	窓際、禁煙席をお願いします。 madogiwa , kinen seki o onegai shi masu
Ich möchte meine Reservierung bestätigen.	予約の確認をお願いしたいのですが。 yoyaku no kakunin o onegai shi tai no desu ga
Ich möchte meine Reservierung stornieren.	予約の取り消しをお願いします。 yoyaku no torikeshi o onegai shi masu
Ich möchte meine Reservierung umbuchen.	予約の変更をお願いします。 yoyaku no henkou o onegai shi masu
Wann geht die nächste Maschine nach Rom?	次のローマ行きは何時ですか？ tsugi no roma iki ha nan ji desu ka
Sind noch zwei Plätze frei?	まだ二席空いてますか？ mada ni seki ai te masu ka
Nein, wir haben nur noch einen Platz frei.	いえ、あと一席しかありません。 ie , ato ichi seki shika ari mase n

35 [fünfunddreißig]

Am Flughafen

35 [三十五]
35 [san juu go]

空港で
kuukou de

Wann landen wir?	到着はいつですか？ touchaku ha i tsu desu ka
Wann sind wir da?	何時につきますか？ nan ji ni tsuki masu ka
Wann fährt ein Bus ins Stadtzentrum?	都心へのバスは何時ですか？ toshin he no basu ha nan ji desu ka
Ist das Ihr Koffer?	これはあなたのスーツケースですか？ kore ha anata no sutsukesu desu ka
Ist das Ihre Tasche?	これはあなたの鞄ですか？ kore ha anata no kaban desu ka
Ist das Ihr Gepäck?	これはあなたの荷物ですか？ kore ha anata no nimotsu desu ka
Wie viel Gepäck kann ich mitnehmen?	荷物はどれくらい持っていけますか？ nimotsu ha dore kurai mot te ike masu ka
Zwanzig Kilo.	２０キロです。 20 kiro desu
Was, nur zwanzig Kilo?	えっ、たったの２０キロですか？ e, , tatta no 20 kiro desu ka

36
[sechsunddreißig]

Öffentlicher Nahverkehr

36 [三十六]
36 [san juu roku]

公共交通機関
koukyou koutsuu kikan

Wo ist die Bushaltestelle?	バス停はどこですか？ basutei ha doko desu ka
Welcher Bus fährt ins Zentrum?	中心部へのバスはどれですか？ chuushin bu he no basu ha dore desu ka
Welche Linie muss ich nehmen?	どの路線に乗らなければいけませんか？ dono rosen ni nora nakere ba ike mase n ka
Muss ich umsteigen?	乗り換えはありますか？ norikae ha ari masu ka
Wo muss ich umsteigen?	どこで乗り換えなければいけませんか？ doko de norikae nakere ba ike mase n ka
Was kostet ein Fahrschein?	切符は一枚いくらですか？ kippu ha ichi mai ikura desu ka
Wie viele Haltestellen sind es bis zum Zentrum?	中心部は、幾つ目のバス停ですか？ chuushin bu ha , ikutsu me no basutei desu ka
Sie müssen hier aussteigen.	ここで降りてください。 koko de ori te kudasai
Sie müssen hinten aussteigen.	後ろから降りてください。 ushiro kara ori te kudasai

⇨

36
[sechsunddreißig]

Öffentlicher Nahverkehr

36 [三十六]
36 [san juu roku]

公共交通機関
koukyou koutsuu kikan

Die nächste U-Bahn kommt in 5 Minuten.	次の地下鉄は5分後です。 tsugi no chikatetsu ha 5 fun go desu
Die nächste Straßenbahn kommt in 10 Minuten.	次の市電は10分後です。 tsugi no shiden ha 10 fun go desu
Der nächste Bus kommt in 15 Minuten.	次のバスは15分後です。 tsugi no basu ha 15 fun go desu
Wann fährt die letzte U-Bahn?	地下鉄の終電は何時ですか？ chikatetsu no shuuden ha nan ji desu ka
Wann fährt die letzte Straßenbahn?	市電の終電は何時ですか？ shiden no shuuden ha nan ji desu ka
Wann fährt der letzte Bus?	バスの最終は何時ですか？ basu no saishuu ha nan ji desu ka
Haben Sie einen Fahrschein?	乗車券をお持ちですか？ jousha ken o o mochi desu ka
Einen Fahrschein? – Nein, ich habe keinen.	乗車券？　いいえ、持っていません。 jousha ken iie , mot te i mase n
Dann müssen Sie eine Strafe zahlen.	では、罰金をいただきます。 deha , bakkin o itadaki masu

37
[siebenunddreißig]

37 [三十七]
37 [san juu nana]

Unterwegs

外出中に
gaishutsu chuu ni

Er fährt mit dem Motorrad.	彼はオートバイを運転します。 kare ha otobai o unten shi masu
Er fährt mit dem Fahrrad.	彼は自転車に乗ります。 kare ha jitensha ni nori masu
Er geht zu Fuß.	彼は歩きます。 kare ha aruki masu
Er fährt mit dem Schiff.	彼は船で行きます。 kare ha fune de iki masu
Er fährt mit dem Boot.	彼はボートで行きます。 kare ha boto de iki masu
Er schwimmt.	彼は泳ぎます。 kare ha oyogi masu
Ist es hier gefährlich?	ここは危険ですか？ koko ha kiken desu ka
Ist es gefährlich, allein zu trampen?	一人でヒッチハイクするのは危険ですか？ ichi nin de hicchihaiku suru no ha kiken desu ka
Ist es gefährlich, nachts spazieren zu gehen?	夜中に散歩するのは危険ですか？ yachuu ni sanpo suru no ha kiken desu ka

37
[siebenunddreißig]

37 [三十七]
37 [san juu nana]

Unterwegs

外出中に
gaishutsu chuu ni

Wir haben uns verfahren.	迷いました。 mayoi mashi ta
Wir sind auf dem falschen Weg.	道を間違えました。 michi o machigae mashi ta
Wir müssen umkehren.	引き返さなければいけません。 hikikaesa nakere ba ike mase n
Wo kann man hier parken?	このあたりはどこに駐車できますか？ kono atari ha doko ni chuusha deki masu ka
Gibt es hier einen Parkplatz?	駐車場はありますか？ chuusha jou ha ari masu ka
Wie lange kann man hier parken?	どのくらいここに駐車できますか？ dono kurai koko ni chuusha deki masu ka
Fahren Sie Ski?	スキーをしますか？ suki o shi masu ka
Fahren Sie mit dem Skilift nach oben?	スキーリフトで上へあがりますか？ suki rifuto de ue he agari masu ka
Kann man hier Ski leihen?	ここでスキーをレンタルできますか？ koko de suki o rentaru deki masu ka

38 [achtunddreißig]

38 [三十八]
38 [san juu hachi]

Im Taxi

タクシーで
takushi de

Rufen Sie bitte ein Taxi.	タクシーを呼んでください。 takushi o yon de kudasai
Was kostet es bis zum Bahnhof?	駅までいくらですか？ eki made ikura desu ka
Was kostet es bis zum Flughafen?	空港までいくらですか？ kuukou made ikura desu ka
Bitte geradeaus.	まっすぐ行ってください。 massugu it te kudasai
Bitte hier nach rechts.	ここで右にお願いします。 koko de migi ni onegai shi masu
Bitte dort an der Ecke nach links.	そこの角を左にお願いします。 soko no kaku o hidari ni onegai shi masu
Ich habe es eilig.	急いでいます。 isoi de i masu
Ich habe Zeit.	時間はあります。 jikan ha ari masu
Fahren Sie bitte langsamer.	もっとゆっくり運転してください。 motto yukkuri unten shi te kudasai

38 [achtunddreißig]

Im Taxi

38 [三十八]

38 [san juu hachi]

タクシーで

takushi de

Halten Sie hier bitte.	ここで停めてください。 koko de tome te kudasai
Warten Sie bitte einen Moment.	ちょっと待っていてください。 chotto mat te i te kudasai
Ich bin gleich zurück.	すぐに戻ります。 sugu ni modori masu
Bitte geben Sie mir eine Quittung.	領収書をお願いします。 ryoushuu sho o onegai shi masu
Ich habe kein Kleingeld.	小銭がありません。 kozeni ga ari mase n
Es stimmt so, der Rest ist für Sie.	おつりはいりません。 o tsuri hairi mase n
Fahren Sie mich zu dieser Adresse.	この住所までお願いします。 kono juusho made onegai shi masu
Fahren Sie mich zu meinem Hotel.	私のホテルまでお願いします。 watashi no hoteru made onegai shi masu
Fahren Sie mich zum Strand.	浜辺までお願いします。 hamabe made onegai shi masu

39 [neununddreißig]

39 [三十九]
39 [san juu kyuu]

Autopanne

車の故障
kuruma no koshou

Wo ist die nächste Tankstelle?
一番近いガソリンスタンドはどこですか？
ichiban chikai gasorinsutando ha doko desu ka

Ich habe einen Platten.
パンクしました。
panku shi mashi ta

Können Sie das Rad wechseln?
タイヤを交換してもらえますか？
taiya o koukan shi te morae masu ka

Ich brauche ein paar Liter Diesel.
ディーゼルが数リッター必要です。
dizeru ga suu ritta hitsuyou desu

Ich habe kein Benzin mehr.
ガソリンがもうありません。
gasorin ga mou ari mase n

Haben Sie einen Reservekanister?
予備のガソリンタンクはありますか？
yobi no gasorin tanku ha ari masu ka

Wo kann ich telefonieren?
どこか電話をかけられるところはありますか
？
doko ka denwa o kake rareru tokoro ha ari masu ka

Ich brauche einen Abschleppdienst.
レッカー移動が必要です。
rekka idou ga hitsuyou desu

Ich suche eine Werkstatt.
修理工場を探しています。
shuuri koujou o sagashi te i masu

39 [neunundreißig]

Autopanne

39 [三十九]
39 [san juu kyuu]

車の故障
kuruma no koshou

Es ist ein Unfall passiert.	事故がありました。 jiko ga ari mashi ta
Wo ist das nächste Telefon?	一番近い電話はどこですか？ ichiban chikai denwa ha doko desu ka
Haben Sie ein Handy bei sich?	携帯電話を持っていますか？ keitai denwa o mot te i masu ka
Wir brauchen Hilfe.	助けてください。 tasuke te kudasai
Rufen Sie einen Arzt!	医者を呼んでください。 isha o yon de kudasai
Rufen Sie die Polizei!	警察を呼んでください。 keisatsu o yon de kudasai
Ihre Papiere, bitte.	書類を見せてください。 shorui o mise te kudasai
Ihren Führerschein, bitte.	免許証を見せてください。 menkyo shou o mise te kudasai
Ihren Kfz-Schein, bitte.	自動車登録書を見せてください。 jidousha touroku sho o mise te kudasai

40 [vierzig]

Nach dem Weg fragen

40 [四十]
40 [yon juu]

道を尋ねる

michi o tazuneru

Entschuldigen Sie!	すみません！ sumimasen !
Können Sie mir helfen?	ちょっといいですか？ chotto ii desu ka
Wo gibt es hier ein gutes Restaurant?	この辺にいいレストランはありますか？ kono atari ni ii resutoran ha ari masu ka
Gehen Sie links um die Ecke.	そこの角を左に行ってください。 soko no kaku o hidari ni it te kudasai
Gehen Sie dann ein Stück geradeaus.	それからしばらく真っ直ぐに行ってください。 sorekara shibaraku massugu ni it te kudasai
Gehen Sie dann hundert Meter nach rechts.	それから１００メートル右に行ってください。 sorekara 100 metoru migi ni it te kudasai
Sie können auch den Bus nehmen.	バスでも行けます。 basu de mo ike masu
Sie können auch die Straßenbahn nehmen.	市電でも行けます。 shiden de mo ike masu
Sie können auch einfach hinter mir herfahren.	私の後ろからついて来てもらってもいいです。 watashi no ushiro kara tsui te ki te morat te mo ii desu

40 [vierzig]

Nach dem Weg fragen

40 [四十]
40 [yon juu]

道を尋ねる

michi o tazuneru

Wie komme ich zum Fußballstadion?
サッカー場へはどうやっていけばいいですか？
sakka jou he ha dou yat te ike ba ii desu ka

Überqueren Sie die Brücke!
橋を渡ってください。
hashi o watat te kudasai

Fahren Sie durch den Tunnel!
トンネルをくぐってください。
tonneru o kugut te kudasai

Fahren Sie bis zur dritten Ampel.
三つ目の信号まで行ってください。
mittsu me no shingou made it te kudasai

Biegen Sie dann die erste Straße rechts ab.
そこから一つ目の通りを右折してください。
soko kara hitotsu me no toori o usetsu shi te kudasai

Fahren Sie dann geradeaus über die nächste Kreuzung.
そのまま真っ直ぐ、交差点を渡ってください。
sonomama massugu , kousaten o watat te kudasai

Entschuldigung, wie komme ich zum Flughafen?
すみません、空港へはどうやって行けばいいですか？
sumimasen , kuukou he ha dou yat te ike ba ii desu ka

Am besten nehmen Sie die U-Bahn.
地下鉄が一番簡単です。
chikatetsu ga ichiban kantan desu

Fahren Sie einfach bis zur Endstation.
終点まで行ってください。
shuuten made it te kudasai

41 [einundvierzig]

41 [四十一]
41 [yon juu ichi]

Orientierung

場所を尋ねる
basho o tazuneru

Wo ist das Fremdenverkehrsamt?	観光局はどこですか？ kankou kyoku ha doko desu ka
Haben Sie einen Stadtplan für mich?	市街地図はありますか？ shigai chizu ha ari masu ka
Kann man hier ein Hotelzimmer reservieren?	ここでホテルの予約は出来ますか？ koko de hoteru no yoyaku ha deki masu ka
Wo ist die Altstadt?	旧市街はどこですか？ kyuu shigai ha doko desu ka
Wo ist der Dom?	大聖堂はどこですか？ dai seidou ha doko desu ka
Wo ist das Museum?	美術館はどこですか？ bijutsukan ha doko desu ka
Wo gibt es Briefmarken zu kaufen?	切手はどこで買えますか？ kitte ha doko de kae masu ka
Wo gibt es Blumen zu kaufen?	花はどこで買えますか？ hana ha doko de kae masu ka
Wo gibt es Fahrkarten zu kaufen?	乗車券はどこで買えますか？ jousha ken ha doko de kae masu ka

41 [einundvierzig]

41 [四十一]
41 [yon juu ichi]

Orientierung

場所を尋ねる
basho o tazuneru

Wo ist der Hafen?	港はどこですか？ minato ha doko desu ka
Wo ist der Markt?	市場はどこですか？ shijou ha doko desu ka
Wo ist das Schloss?	お城はどこですか？ o shiro ha doko desu ka
Wann beginnt die Führung?	ツアーは何時に始まりますか？ tsua ha nan ji ni hajimari masu ka
Wann endet die Führung?	ツアーは何時に終わりますか？ tsua ha nan ji ni owari masu ka
Wie lange dauert die Führung?	ツアーはどれくらいかかりますか？ tsua ha dore kurai kakari masu ka
Ich möchte einen Führer, der Deutsch spricht.	ドイツ語を話すガイドさんがいいです。 doitsu go o hanasu gaido san ga ii desu
Ich möchte einen Führer, der Italienisch spricht.	イタリア語を話すガイドさんがいいです。 itaria go o hanasu gaido san ga ii desu
Ich möchte einen Führer, der Französisch spricht.	フランス語を話すガイドさんがいいです。 furansugo o hanasu gaido san ga ii desu

42 [zweiundvierzig]

42 [四十二]
42 [yon juu ni]

Stadtbesichtigung

市内観光
shinai kankou

Ist der Markt sonntags geöffnet?	市場は日曜は開いていますか？ shijou ha nichiyou ha hirai te i masu ka
Ist die Messe montags geöffnet?	フェアは月曜は開いていますか？ fea ha getsuyou ha hirai te i masu ka
Ist die Ausstellung dienstags geöffnet?	展覧会は火曜は開いてますか？ tenran kai ha kayou ha hirai te masu ka
Hat der Zoo mittwochs geöffnet?	動物園は水曜は開いていますか？ doubutsu en ha suiyou ha hirai te i masu ka
Hat das Museum donnerstags geöffnet?	美術館は木曜は開いていますか？ bijutsukan ha mokuyou ha hirai te i masu ka
Hat die Galerie freitags geöffnet?	ギャラリーは金曜は開いていますか？ gyarari ha kinyou ha hirai te i masu ka
Darf man fotografieren?	写真をとってもいいですか？ shashin o tot te mo ii desu ka
Muss man Eintritt bezahlen?	入場料はかかりますか？ nyuujou ryou ha kakari masu ka
Wie viel kostet der Eintritt?	入場料はいくらですか？ nyuujou ryou ha ikura desu ka

42 [zweiundvierzig]

Stadtbesichtigung

42 [四十二]
42 [yon juu ni]

市内観光
shinai kankou

Gibt es eine Ermäßigung für Gruppen?	団体割引はありますか？ dantai waribiki ha ari masu ka
Gibt es eine Ermäßigung für Kinder?	子供割引はありますか？ kodomo waribiki ha ari masu ka
Gibt es eine Ermäßigung für Studenten?	学生割引はありますか？ gakusei waribiki ha ari masu ka
Was für ein Gebäude ist das?	これは何の建物ですか？ kore ha nani no tatemono desu ka
Wie alt ist das Gebäude?	この建物はどれぐらい古いのですか？ kono tatemono ha dore gurai furui no desu ka
Wer hat das Gebäude gebaut?	だれがこの建物を建てたのですか？ dare ga kono tatemono o tate ta no desu ka
Ich interessiere mich für Architektur.	建築に興味があります。 kenchiku ni kyoumi ga ari masu
Ich interessiere mich für Kunst.	芸術に興味があります。 geijutsu ni kyoumi ga ari masu
Ich interessiere mich für Malerei.	絵画に興味があります。 kaiga ni kyoumi ga ari masu

43 [dreiundvierzig]

Im Zoo

43 [四十三]
43 [yon juu san]

動物園で
doubutsu en de

Dort ist der Zoo.	あそこが動物園です。 asoko ga doubutsu en desu
Dort sind die Giraffen.	キリンがいます。 kirin ga i masu
Wo sind die Bären?	熊はどこですか？ kuma ha doko desu ka
Wo sind die Elefanten?	象はどこですか？ zou ha doko desu ka
Wo sind die Schlangen?	蛇はどこですか？ hebi ha doko desu ka
Wo sind die Löwen?	ライオンはどこですか？ raion ha doko desu ka
Ich habe einen Fotoapparat.	カメラを持っています。 kamera o mot te i masu
Ich habe auch eine Filmkamera.	私もビデオカメラを持っています。 watashi mo bideokamera o mot te i masu
Wo ist eine Batterie?	電池はどこですか？ denchi ha doko desu ka

43 [dreiundvierzig]

43 [四十三]
43 [yon juu san]

Im Zoo

動物園で
doubutsu en de

Wo sind die Pinguine?
ペンギンはどこですか？
pengin ha doko desu ka

Wo sind die Kängurus?
カンガルーはどこですか？
kangaru ha doko desu ka

Wo sind die Nashörner?
サイはどこですか？
sai ha doko desu ka

Wo ist eine Toilette?
トイレはどこですか？
toire ha doko desu ka

Dort ist ein Café.
あそこにカフェがあります。
asoko ni kafe ga ari masu

Dort ist ein Restaurant.
あそこにレストランがあります。
asoko ni resutoran ga ari masu

Wo sind die Kamele?
らくだはどこですか？
rakuda ha doko desu ka

Wo sind die Gorillas und die Zebras?
ゴリラとシマウマはどこですか？
gorira to shimauma ha doko desu ka

Wo sind die Tiger und die Krokodile?
トラとワニはどこですか？
tora to wani ha doko desu ka

44 [vierundvierzig]

Abends ausgehen

44 [四十四]
44 [yon juu yon]

夜の外出
yoru no gaishutsu

Gibt es hier eine Diskothek? この辺にディスコはありますか？
kono atari ni disuko ha ari masu ka

Gibt es hier einen Nachtclub? この辺にナイトクラブはありますか？
kono atari ni naitokurabu ha ari masu ka

Gibt es hier eine Kneipe? この辺に飲み屋はありますか？
kono atari ni nomiya ha ari masu ka

Was gibt es heute Abend im Theater? 今夜は劇場では何をやっていますか？
konya ha gekijou de ha nani o yat te i masu ka

Was gibt es heute Abend im Kino? 今夜は映画館で何をやっていますか？
konya ha eiga kan de nani o yat te i masu ka

Was gibt es heute Abend im Fernsehen? 今夜、テレビでは何をやっていますか？
konya , terebi de ha nani o yat te i masu ka

Gibt es noch Karten fürs Theater? 劇場のチケットはまだありますか？
gekijou no chiketto ha mada ari masu ka

Gibt es noch Karten fürs Kino? 映画のチケットはまだありますか？
eiga no chiketto ha mada ari masu ka

Gibt es noch Karten für das Fußballspiel? サッカーの試合のチケットはまだありますか？
sakka no shiai no chiketto ha mada ari masu ka

44 [vierundvierzig]

44 [四十四]

44 [yon juu yon]

Abends ausgehen

夜の外出

yoru no gaishutsu

Ich möchte ganz hinten sitzen.	一番後ろの席がいいです。 ichiban ushiro no seki ga ii desu
Ich möchte irgendwo in der Mitte sitzen.	真中あたりの席がいいです。 mannaka atari no seki ga ii desu
Ich möchte ganz vorn sitzen.	一番前の席がいいです。 ichiban mae no seki ga ii desu
Können Sie mir etwas empfehlen?	何かお勧めはありますか？ nani ka o susume ha ari masu ka
Wann beginnt die Vorstellung?	開演は何時ですか？ kaien ha nan ji desu ka
Können Sie mir eine Karte besorgen?	チケットを一枚用意してもらえますか？ chiketto o ichi mai youi shi te morae masu ka
Ist hier in der Nähe ein Golfplatz?	近くにゴルフ場はありますか？ chikaku ni gorufu jou ha ari masu ka
Ist hier in der Nähe ein Tennisplatz?	近くにテニスコートはありますか？ chikaku ni tenisu koto ha ari masu ka
Ist hier in der Nähe ein Hallenbad?	近くにプールはありますか？ chikaku ni puru ha ari masu ka

45 [fünfundvierzig]

Im Kino

45 [四十五]
45 [yon juu go]

映画館で
eiga kan de

Wir wollen ins Kino.	映画館に行きましょう。 eiga kan ni iki masho u
Heute läuft ein guter Film.	今日はいい映画をやっています。 kyou ha ii eiga o yat te i masu
Der Film ist ganz neu.	その映画は最新作です。 sono eiga ha saishin saku desu
Wo ist die Kasse?	チケット売り場はどこですか? chiketto uriba ha doko desu ka
Gibt es noch freie Plätze?	まだ席は空いていますか? mada seki ha ai te i masu ka
Was kosten die Eintrittskarten?	入場料はいくらですか? nyuujou ryou ha ikura desu ka
Wann beginnt die Vorstellung?	開演は何時ですか? kaien ha nan ji desu ka
Wie lange dauert der Film?	上映時間はどれくらいですか? jouei jikan ha dore kurai desu ka
Kann man Karten reservieren?	チケットを予約できますか? chiketto o yoyaku deki masu ka

45 [fünfundvierzig]

45 [四十五]
45 [yon juu go]

Im Kino

映画館で
eiga kan de

Ich möchte hinten sitzen.	後ろのほうに座りたいのですが。 ushiro no hou ni suwari tai no desu ga
Ich möchte vorn sitzen.	前のほうに座りたいのですが。 mae no hou ni suwari tai no desu ga
Ich möchte in der Mitte sitzen.	真中あたりに座りたいのですが。 mannaka atari ni suwari tai no desu ga
Der Film war spannend.	どきどきする映画でした。 dokidoki suru eiga deshi ta
Der Film war nicht langweilig.	映画はつまらなくはなかったです。 eiga ha tsumaranaku ha nakat ta desu
Aber das Buch zum Film war besser.	でも、原作のほうが良かったです。 demo , gensaku no hou ga yokat ta desu
Wie war die Musik?	音楽はどうでしたか？ ongaku ha dou deshi ta ka
Wie waren die Schauspieler?	俳優はどうでしたか？ haiyuu ha dou deshi ta ka
Gab es Untertitel in englischer Sprache?	英語の字幕付きですか？ eigo no jimaku tsuki desu ka

46 [sechsundvierzig]

In der Diskothek

46 [四十六]
46 [yon juu roku]

ディスコで
disuko de

Ist der Platz hier frei?	この席、空いてますか？ kono seki , ai te masu ka
Darf ich mich zu Ihnen setzen?	あなたの横に座ってもいいですか？ anata no yoko ni suwat te mo ii desu ka
Gern.	どうぞ。 douzo
Wie finden Sie die Musik?	この音楽は好きですか？ kono ongaku ha suki desu ka
Ein bisschen zu laut.	ちょっとうるさいですね。 chotto urusai desu ne
Aber die Band spielt ganz gut.	でもバンドの演奏は上手ですね。 demo bando no ensou ha jouzu desu ne
Sind Sie öfter hier?	ここにはよく来るのですか？ koko ni ha yoku kuru no desu ka
Nein, das ist das erste Mal.	いいえ、初めてです。 iie , hajimete desu
Ich war noch nie hier.	来たことがありません。 ki ta koto ga ari mase n

46 [sechsundvierzig]

46 [四十六]
46 [yon juu roku]

In der Diskothek

ディスコで
disuko de

Tanzen Sie?	踊りますか？ odori masu ka
Später vielleicht.	多分、あとで。 tabun , ato de
Ich kann nicht so gut tanzen.	あまりうまく踊れません。 amari umaku odore mase n
Das ist ganz einfach.	とても簡単ですよ。 totemo kantan desu yo
Ich zeige es Ihnen.	やって見せましょう。 yat te mise masho u
Nein, lieber ein anderes Mal.	いいえ、また今度。 iie , mata kondo
Warten Sie auf jemand?	誰かを待っているのですか？ dare ka o mat te iru no desu ka
Ja, auf meinen Freund.	ええ、ボーイフレンドです。 ee , boifurendo desu
Da hinten kommt er ja!	あそこから来るのがそうです。 asoko kara kuru no ga sou desu

47
[siebenundvierzig]

Reisevorbereitungen

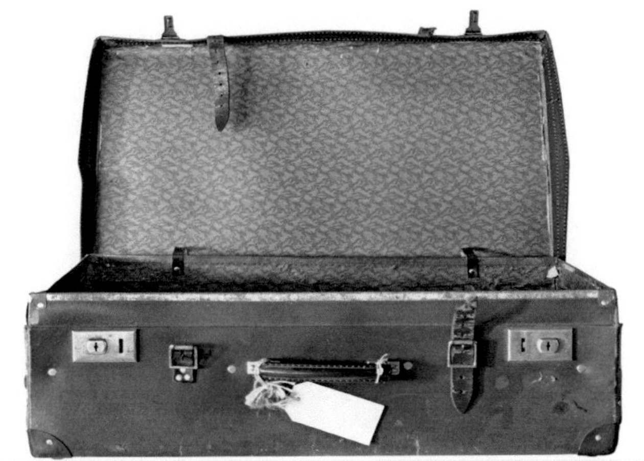

47 [四十七]
47 [yon juu nana]

旅行の準備
ryokou no junbi

Du musst unseren Koffer packen!
あなたは私達のスーツケースを準備しなくてはいけません。
anata ha watashi tachi no sutsukesu o junbi shi naku te ha ike mase n

Du darfst nichts vergessen!
忘れ物のないように！
wasuremono no nai you ni !

Du brauchst einen großen Koffer!
あなたには大きなスーツケースが必要です。
anata ni ha ookina sutsukesu ga hitsuyou desu

Vergiss nicht den Reisepass!
パスポートを忘れないように！
pasupoto o wasure nai you ni !

Vergiss nicht das Flugticket!
航空券を忘れないように！
koukuu ken o wasure nai you ni !

Vergiss nicht die Reiseschecks!
トラベラーズチェックを忘れないように！
toraberazuchekku o wasure nai you ni !

Nimm Sonnencreme mit.
日焼け止めクリームを持っていきなさい。
hiyake tome kurimu o mot te iki nasai

Nimm die Sonnenbrille mit.
サングラスを持っていきなさい。
sangurasu o mot te iki nasai

Nimm den Sonnenhut mit.
サンバイザーを持っていきなさい。
sanbaiza o mot te iki nasai

47
[siebenundvierzig]

Reisevorbereitung
en

47 [四十七]
47 [yon juu nana]

旅行の準備
ryokou no junbi

Willst du eine Straßenkarte mitnehmen?	市街地図を持っていきたいですか？ shigai chizu o mot te iki tai desu ka
Willst du einen Reiseführer mitnehmen?	ガイドブックを持っていきたいですか？ gaidobukku o mot te iki tai desu ka
Willst du einen Regenschirm mitnehmen?	（君は）傘を持っていきたいですか？ (kun ha) kasa o mot te iki tai desu ka
Denk an die Hosen, die Hemden, die Socken.	ズボン、シャツ、靴下を忘れないように！ zubon , shatsu , kutsushita o wasure nai you ni !
Denk an die Krawatten, die Gürtel, die Sakkos.	ネクタイ、ベルト、ジャケットを忘れないように！ nekutai , beruto , jaketto o wasure nai you ni !
Denk an die Schlafanzüge, die Nachthemden und die T-Shirts.	パジャマ、ガウン、Ｔシャツを忘れないように！ pajama , gaun , Ttishatsu o wasure nai you ni !
Du brauchst Schuhe, Sandalen und Stiefel.	（君は）靴、サンダル、ブーツもいります。 (kun ha) kutsu , sandaru , butsu mo iri masu
Du brauchst Taschentücher, Seife und eine Nagelschere.	（君は）ティッシュ、石鹸、爪きりもいります。 (kun ha) tisshu , sekken , tsume kiri mo iri masu
Du brauchst einen Kamm, eine Zahnbürste und Zahnpasta.	（君は）櫛、歯ブラシ、歯磨き粉もいります。 (kun ha) kushi , haburashi , hamigakiko mo iri masu

48 [achtundvierzig]

Urlaubsaktivitäte
n

48 [四十八]
48 [yon juu hachi]

休暇中の活動
kyuuka chuu no katsudou

Ist der Strand sauber?	浜辺はきれいですか？ hamabe ha kirei desu ka
Kann man dort baden?	そこでは泳げますか？ soko de ha oyoge masu ka
Ist es nicht gefährlich, dort zu baden?	そこで泳いでも危なくないですか？ sokode oyoi de mo abunaku nai desu ka
Kann man hier einen Sonnenschirm leihen?	ここでビーチパラソルをレンタル出来ますか？ koko de bichiparasoru o rentaru deki masu ka
Kann man hier einen Liegestuhl leihen?	ここでビーチチェアをレンタルできますか？ koko de bichi chea o rentaru deki masu ka
Kann man hier ein Boot leihen?	ここでボートをレンタルできますか？ koko de boto o rentaru deki masu ka
Ich würde gern surfen.	サーフィンがしたいです。 safin ga shi tai desu
Ich würde gern tauchen.	スキューバダイビングをしたいです。 sukyubadaibingu o shi tai desu
Ich würde gern Wasserski fahren.	水上スキーをしたいです。 mizukami suki o shi tai desu

48 [achtundvierzig]

Urlaubsaktivitäte
n

48 [四十八]
48 [yon juu hachi]

休暇中の活動
kyuuka chuu no katsudou

Kann man ein Surfbrett mieten?	サーフボードをレンタルできますか？ safu bodo o rentaru deki masu ka
Kann man eine Taucherausrüstung mieten?	ダイビング用装備をレンタルできますか？ daibingu you soubi o rentaru deki masu ka
Kann man Wasserskier mieten?	水上スキーをレンタルできますか？ mizukami suki o rentaru deki masu ka
Ich bin erst Anfänger.	私は初心者です。 watashi ha shoshinsha desu
Ich bin mittelgut.	私は中級です。 watashi ha chuukyuu desu
Ich kenne mich damit schon aus.	私はベテランです。 watashi ha beteran desu
Wo ist der Skilift?	スキーリフトはどこですか？ suki rifuto ha doko desu ka
Hast du denn Skier dabei?	スキーを持っていますか？ suki o mot te i masu ka
Hast du denn Skischuhe dabei?	スキー靴を持っていますか？ suki kutsu o mot te i masu ka

49 [neunundvierzig]

Sport

49 [四十九]
49 [yon juu kyuu]

スポーツ
supotsu

Treibst du Sport?	何かスポーツをしますか？ nani ka supotsu o shi masu ka
Ja, ich muss mich bewegen.	ええ、体を動かさなくちゃ。 ee , karada o ugokasa naku cha
Ich gehe in einen Sportverein.	スポーツクラブに行ってます。 supotsu kurabu ni it te masu
Wir spielen Fußball.	私達はサッカーをします。 watashi tachi ha sakka o shi masu
Manchmal schwimmen wir.	時々泳ぎにも行きます。 tokidoki oyogi ni mo iki masu
Oder wir fahren Rad.	サイクリングをすることもあります。 saikuringu o suru koto mo ari masu
In unserer Stadt gibt es ein Fußballstadion.	私達の町には、サッカースタ ジアムがあります。 watashi tachi no machi ni ha , sakka sutajiamu ga ari masu
Es gibt auch ein Schwimmbad mit Sauna.	サウナ付きのプールもあります。 sauna tsuki no puru mo ari masu
Und es gibt einen Golfplatz.	ゴルフ場もあります。 gorufu jou mo ari masu

49 [neunundvierzig]

Sport

49 [四十九]
49 [yon juu kyuu]

スポーツ
supotsu

Was gibt es im Fernsehen?	テレビでは何をやっていますか？ terebi de ha nani o yat te i masu ka
Gerade gibt es ein Fußballspiel.	ちょうどサッカーをやっています。 choudo sakka o yat te i masu
Die deutsche Mannschaft spielt gegen die englische.	ドイツ対イギリスです。 doitsu tai igirisu desu
Wer gewinnt?	どっちが勝っていますか？ docchi ga kat te i masu ka
Ich habe keine Ahnung.	わかりません。 wakari mase n
Im Moment steht es unentschieden.	今はまだ勝負がついていません。 ima ha mada shoubu ga tsui te i mase n
Der Schiedsrichter kommt aus Belgien.	審判はベルギー人です。 shinpan ha berugi jin desu
Jetzt gibt es einen Elfmeter.	今から、ペナルティーキックです。 ima kara , penaruti kikku desu
Tor! Eins zu null!	入った！　１対０だ！ hait ta ! 1 tai 0 da !

50 [fünfzig]

Im Schwimmbad

50 [五十]
50 [go juu]

プールで
puru de

Heute ist es heiß.	今日は暑いですね。 kyou ha atsui desu ne
Gehen wir ins Schwimmbad?	プールに行きましょうか？ puru ni iki masho u ka
Hast du Lust, schwimmen zu gehen?	泳ぎに行きたいですか？ oyogi ni iki tai desu ka
Hast du ein Handtuch?	タオルを持っていますか？ taoru o mot te i masu ka
Hast du eine Badehose?	水泳パンツを持っていますか？ suiei pantsu o mot te i masu ka
Hast du einen Badeanzug?	水着を持っていますか？ mizugi o mot te i masu ka
Kannst du schwimmen?	泳げるますか？ oyogeru masu ka
Kannst du tauchen?	潜れるますか？ sen reru masu ka
Kannst du ins Wasser springen?	飛び込みが出来ますか？ tobikomi ga deki masu ka

50 [fünfzig]

Im Schwimmbad

50 [五十]
50 [go juu]

プールで
puru de

Wo ist die Dusche?	シャワーはどこですか？ shawa ha doko desu ka
Wo ist die Umkleidekabine?	更衣室はどこですか？ koui shitsu ha doko desu ka
Wo ist die Schwimmbrille?	水中メガネはどこですか？ suichuu megane ha doko desu ka
Ist das Wasser tief?	水は深いですか？ mizu ha fukai desu ka
Ist das Wasser sauber?	水はきれいですか？ mizu ha kirei desu ka
Ist das Wasser warm?	水は暖かいですか？ mizu ha atatakai desu ka
Ich friere.	寒いです。 samui desu
Das Wasser ist zu kalt.	水が冷たすぎます。 mizu ga tsumeta sugi masu
Ich gehe jetzt aus dem Wasser.	もう水から上がります。 mou mizu kara agari masu

51 [einundfünfzig]

Besorgungen machen

51 [五十一]
51 [go juu ichi]

調達 / 買い物
choutatsu / kaimono

Ich will in die Bibliothek.
図書館に行きたいです。
toshokan ni iki tai desu

Ich will in die Buchhandlung.
本屋に行きたいです。
honya ni iki tai desu

Ich will zum Kiosk.
キオスクに行きたいです。
kiosuku ni iki tai desu

Ich will ein Buch leihen.
本を借りたいです。
hon o kari tai desu

Ich will ein Buch kaufen.
本を買いたいです。
hon o kai tai desu

Ich will eine Zeitung kaufen.
新聞を買いたいです。
shinbun o kai tai desu

Ich will in die Bibliothek, um ein Buch zu leihen.
本を借りに図書館に行きたいです。
hon o kari ni toshokan ni iki tai desu

Ich will in die Buchhandlung, um ein Buch zu kaufen.
本を買いに本屋に行きたいです。
hon o kai ni honya ni iki tai desu

Ich will zum Kiosk, um eine Zeitung zu kaufen.
新聞を買いにキオスクに行きたいです。
shinbun o kai ni kiosuku ni iki tai desu

51 [einundfünfzig]

Besorgungen machen

51 [五十一]
51 [go juu ichi]

調達 / 買い物
choutatsu / kaimono

Ich will zum Optiker.	メガネ屋に行きたいです。 megane ya ni iki tai desu
Ich will zum Supermarkt.	スーパーマーケットに行きたいです。 supamaketto ni iki tai desu
Ich will zum Bäcker.	パン屋に行きたいです。 pan ya ni iki tai desu
Ich will eine Brille kaufen.	眼鏡を買いたいです。 megane o kai tai desu
Ich will Obst und Gemüse kaufen.	果物と野菜を買いたいです。 kudamono to yasai o kai tai desu
Ich will Brötchen und Brot kaufen.	プチパンとパンを買いたいです。 puchipan to pan o kai tai desu
Ich will zum Optiker, um eine Brille zu kaufen.	眼鏡を買いに眼鏡屋に行きたいです。 megane o kai ni megane ya ni iki tai desu
Ich will zum Supermarkt, um Obst und Gemüse zu kaufen.	果物と野菜を買いに、スーパーマーケットに行きたいです。 kudamono to yasai o kai ni , supamaketto ni iki tai desu
Ich will zum Bäcker, um Brötchen und Brot zu kaufen.	ロールパンとパンを買いに、パン屋に行きたいです。 rorupan to pan o kai ni , pan ya ni iki tai desu

52 [zweiundfünfzig]

Im Kaufhaus

52 [五十二]
52 [go juu ni]

デパートで

depato de

Gehen wir in ein Kaufhaus?	デパートに行きましょうか？ depato ni iki masho u ka
Ich muss Einkäufe machen.	買い物をしなくてはいけません。 kaimono o shi naku te ha ike mase n
Ich will viel einkaufen.	たくさん買いたいです。 takusan kai tai desu
Wo sind die Büroartikel?	文房具売り場はどこですか？ bunbougu uriba ha doko desu ka
Ich brauche Briefumschläge und Briefpapier.	封筒と便箋が要ります。 fuutou to binsen ga iri masu
Ich brauche Kulis und Filzstifte.	ボールペンとフェルトペンが要ります。 borupen to feruto pen ga iri masu
Wo sind die Möbel?	家具売り場はどこですか？ kagu uriba ha doko desu ka
Ich brauche einen Schrank und eine Kommode.	タンスと整理ダンスが要ります。 tansu to seiri dansu ga iri masu
Ich brauche einen Schreibtisch und ein Regal.	机と棚が要ります。 tsukue to tana ga iri masu

52 [zweiundfünfzig]

Im Kaufhaus

52 [五十二]
52 [go juu ni]

デパートで

depato de

Wo sind die Spielsachen?	おもちゃ売り場はどこですか？ omocha uriba ha doko desu ka
Ich brauche eine Puppe und einen Teddybär.	人形とテディベアが要ります。 ningyou to tedibea ga iri masu
Ich brauche einen Fußball und ein Schachspiel.	サッカーボールとチェスが要ります。 sakka boru to chesu ga iri masu
Wo ist das Werkzeug?	工具売り場はどこですか？ kougu uriba ha doko desu ka
Ich brauche einen Hammer und eine Zange.	ハンマーとペンチが要ります。 hanma to penchi ga iri masu
Ich brauche einen Bohrer und einen Schraubenzieher.	ドリルとねじ回しが要ります。 doriru to neji mawashi ga iri masu
Wo ist der Schmuck?	アクセサリー売り場はどこですか？ akusesari uriba ha doko desu ka
Ich brauche eine Kette und ein Armband.	ネックレスとブレスレットが要ります。 nekkuresu to buresuretto ga iri masu
Ich brauche einen Ring und Ohrringe.	指輪とイアリングが要ります。 yubiwa to iaringu ga iri masu

53 [dreiundfünfzig]

53 [五十三]
53 [go juu san]

Geschäfte

店
mise

Wir suchen ein Sportgeschäft.	スポーツ店を探しています。 supotsu ten o sagashi te i masu
Wir suchen eine Fleischerei.	肉屋を探しています。 nikuya o sagashi te i masu
Wir suchen eine Apotheke.	薬局を探しています。 yakkyoku o sagashi te i masu
Wir möchten nämlich einen Fußball kaufen.	サッカーボールを買いたいです。 sakka boru o kai tai desu
Wir möchten nämlich Salami kaufen.	サラミを買いたいです。 sarami o kai tai desu
Wir möchten nämlich Medikamente kaufen.	薬を買いたいです。 kusuri o kai tai desu
Wir suchen ein Sportgeschäft, um einen Fußball zu kaufen.	サッカーボールを買うのに、スポーツ店を探しています。 sakka boru o kau noni , supotsu ten o sagashi te i masu
Wir suchen eine Fleischerei, um Salami zu kaufen.	サラミを買うのに、肉屋を探しています。 sarami o kau noni , nikuya o sagashi te i masu
Wir suchen eine Apotheke, um Medikamente zu kaufen.	薬を買うのに、薬局を探しています。 kusuri o kau noni , yakkyoku o sagashi te i masu

53 [dreiundfünfzig]

Geschäfte

53 [五十三]
53 [go juu san]

店
mise

Ich suche einen Juwelier.

宝石店を探しています。
houseki ten o sagashi te i masu

Ich suche ein Fotogeschäft.

写真屋を探しています。
shashin ya o sagashi te i masu

Ich suche eine Konditorei.

ケーキ屋を探しています。
keki ya o sagashi te i masu

Ich habe nämlich vor, einen Ring zu kaufen.

指輪を買うつもりなんです。
yubiwa o kau tsumori na n desu

Ich habe nämlich vor, einen Film zu kaufen.

フィルムを買うつもりなんです。
firumu o kau tsumori na n desu

Ich habe nämlich vor, eine Torte zu kaufen.

ケーキを買うつもりなんです。
keki o kau tsumori na n desu

Ich suche einen Juwelier, um einen Ring zu kaufen.

指輪を買うのに、宝石店を探しています。
yubiwa o kau noni , houseki ten o sagashi te i masu

Ich suche ein Fotogeschäft, um einen Film zu kaufen.

フィルムを買うのに、写真屋を探しています
。
firumu o kau noni , shashin ya o sagashi te i masu

Ich suche eine Konditorei, um eine Torte zu kaufen.

ケーキを買うのに、ケーキ屋を探しています
。
keki o kau noni , keki ya o sagashi te i masu

54 [vierundfünfzig]

Einkaufen

54 [五十四]
54 [go juu yon]

買い物
kaimono

Ich möchte ein Geschenk kaufen.	プレゼントを買いたいのですが。 purezento o kai tai no desu ga
Aber nichts allzu Teueres.	高すぎないものを。 taka sugi nai mono o
Vielleicht eine Handtasche?	ハンドバッグはいかがですか？ handobaggu ha ikaga desu ka
Welche Farbe möchten Sie?	どんな色がいいですか？ donna iro ga ii desu ka
Schwarz, braun oder weiß?	黒、茶、白？ kuro , cha , shiro
Eine große oder eine kleine?	大きいのですか、それとも小さいのですか？ ookii no desu ka , soretomo chiisai no desu ka
Darf ich diese mal sehen?	ちょっと見せていただけますか？ chotto mise te itadake masu ka
Ist die aus Leder?	これは皮ですか？ kore ha kawa desu ka
Oder ist die aus Kunststoff?	それとも合皮ですか？ soretomo gou gawa desu ka

54 [vierundfünfzig]

54 [五十四]
54 [go juu yon]

Einkaufen

買い物
kaimono

Aus Leder natürlich.	もちろん、皮です。 mochiron , kawa desu
Das ist eine besonders gute Qualität.	これは特に良い品質のものです。 kore ha tokuni yoi hinshitsu no mono desu
Und die Handtasche ist wirklich sehr preiswert.	このハンドバッグは本当にお買い得です。 kono handobaggu ha hontouni okaidoku desu
Die gefällt mir.	気に入りました。 kiniiri mashi ta
Die nehme ich.	これ、いただきます。 kore , itadaki masu
Kann ich die eventuell umtauschen?	交換は出来ますか？ koukan ha deki masu ka
Selbstverständlich.	もちろんです。 mochiron desu
Wir packen sie als Geschenk ein.	贈り物としてお包みいたします。 okurimono toshite o tsutsumi itashi masu
Dort drüben ist die Kasse.	レジはあちらです。 reji ha achira desu

55 [fünfundfünfzig]

Arbeiten

55 [五十五]
55 [go juu go]

仕事
shigoto

Was machen Sie beruflich?	ご職業は？ go shokugyou ha
Mein Mann ist Arzt von Beruf.	夫は医者です。 otto ha isha desu
Ich arbeite halbtags als Krankenschwester.	パートタイムの看護師として勤務しています。 patotaimu no kango shi toshite kinmu shi te i masu
Bald bekommen wir Rente.	もうすぐ年金生活です。 mousugu nenkin seikatsu desu
Aber die Steuern sind hoch.	でも税金が高いです。 demo zeikin ga takai desu
Und die Krankenversicherung ist hoch.	健康保険も高いです。 kenkou hoken mo takai desu
Was willst du einmal werden?	あなたは、将来何になりたいですか？ anata ha , shourai nani ni nari tai desu ka
Ich möchte Ingenieur werden.	エンジニアになりたい。 enjinia ni nari tai
Ich will an der Universität studieren.	大学で勉強するつもりです。 daigaku de benkyou suru tsumori desu

55 [fünfundfünfzig]

Arbeiten

55 [五十五]

55 [go juu go]

仕事

shigoto

Ich bin Praktikant.	研修生です。 kenshuusei desu
Ich verdiene nicht viel.	稼ぎはあまり多くありません。 kasegi ha amari ooku ari mase n
Ich mache ein Praktikum im Ausland.	外国でインターンシップをします。 gaikoku de intanshippu o shi masu
Das ist mein Chef.	こちらが私の上司です。 kochira ga watashi no joushi desu
Ich habe nette Kollegen.	同僚は親切です。 douryou ha shinsetsu desu
Mittags gehen wir immer in die Kantine.	お昼はいつも社員食堂に行きます。 ohiru ha itsumo shain shokudou ni iki masu
Ich suche eine Stelle.	仕事を探しています。 shigoto o sagashi te i masu
Ich bin schon ein Jahr arbeitslos.	もう一年も失業中です。 mou ichi nen mo shitsugyou chuu desu
In diesem Land gibt es zu viele Arbeitslose.	この国は失業者が多すぎます。 kono kuni ha shitsugyou sha ga oo sugi masu

56
[sechsundfünfzig]

Gefühle

56 [五十六]
56 [go juu roku]

感情
kanjou

Lust haben	やる気がある yaruki ga aru
Wir haben Lust.	私達はやる気があります。 watashi tachi ha yaruki ga ari masu
Wir haben keine Lust.	私達はやる気がありません。 watashi tachi ha yaruki ga ari mase n
Angst haben	不安である fuan de aru
Ich habe Angst.	不安です。 fuan desu
Ich habe keine Angst.	怖くありません。 kowaku ari mase n
Zeit haben	時間がある jikan ga aru
Er hat Zeit.	彼は時間があります。 kare ha jikan ga ari masu
Er hat keine Zeit.	彼は時間がありません。 kare ha jikan ga ari mase n

56
[sechsundfünfzig]

Gefühle

56 [五十六]
56 [go juu roku]

感情
kanjou

Langeweile haben	退屈する taikutsu suru
Sie hat Langeweile.	彼女は退屈しています。 kanojo ha taikutsu shi te i masu
Sie hat keine Langeweile.	彼女は退屈していません。 kanojo ha taikutsu shi te i mase n
Hunger haben	おなかがすく onaka ga suku
Habt ihr Hunger?	おなかがすいていますか？ onaka ga sui te i masu ka
Habt ihr keinen Hunger?	おなかはすいてないのですか？ onaka ha sui te nai no desu ka
Durst haben	のどが渇く nodo ga kawaku
Sie haben Durst.	彼らはのどが渇いていますね。 karera ha nodo ga kawai te i masu ne
Sie haben keinen Durst.	彼らはのどが渇いていません。 karera ha nodo ga kawai te i mase n

57
[siebenundfünfzig]

Beim Arzt

57 [五十七]
57 [go juu nana]

医者にて

isha nite

Ich habe einen Termin beim Arzt. | 医者に予約を入れてあります。
isha ni yoyaku o ire te ari masu

Ich habe den Termin um zehn Uhr. | １０時に予約があります。
10 ji ni yoyaku ga ari masu

Wie ist Ihr Name? | お名前は？
o namae ha

Bitte nehmen Sie im Wartezimmer Platz. | 待合室でお待ちください。
machiaishitsu de omachi kudasai

Der Arzt kommt gleich. | 医者はすぐに参ります。
isha ha sugu ni mairi masu

Wo sind Sie versichert? | どこの健康保険に加入していますか？
doko no kenkou hoken ni kanyuu shi te i masu ka

Was kann ich für Sie tun? | どうしましたか？
dou shi mashi ta ka

Haben Sie Schmerzen? | 痛みはありますか？
itami ha ari masu ka

Wo tut es weh? | どこが痛みますか？
doko ga itami masu ka

57
[siebenundfünfzig]

Beim Arzt

57 [五十七]
57 [go juu nana]

医者にて
isha nite

Ich habe immer Rückenschmerzen.	背中がいつも痛みます。 senaka ga itsumo itami masu
Ich habe oft Kopfschmerzen.	よく頭痛がします。 yoku zutsuu ga shi masu
Ich habe manchmal Bauchschmerzen.	時々腹痛があります。 tokidoki haraita ga ari masu
Machen Sie bitte den Oberkörper frei!	上を脱いでください。 ue o nui de kudasai
Legen Sie sich bitte auf die Liege!	検査ベットに横になってください。 kensa betto ni yoko ni nat te kudasai
Der Blutdruck ist in Ordnung.	血圧は大丈夫です。 ketsuatsu ha daijoubu desu
Ich gebe Ihnen eine Spritze.	注射を打ちましょう。 chuusha o uchi masho u
Ich gebe Ihnen Tabletten.	薬を出しましょう。 kusuri o dashi masho u
Ich gebe Ihnen ein Rezept für die Apotheke.	薬局へ出す処方箋を出しましょう。 yakkyoku he dasu shohousen o dashi masho u

58 [achtundfünfzig]

Körperteile

58 [五十八]
58 [go juu hachi]

体の部分
karada no bubun

Ich zeichne einen Mann.	男性の絵を描きます。 dansei no e o egaki masu
Zuerst den Kopf.	まず頭。 mazu atama
Der Mann trägt einen Hut.	男性は帽子をかぶっています。 dansei ha boushi o kabut te i masu
Die Haare sieht man nicht.	髪の毛は見えません。 kaminoke ha mie mase n
Die Ohren sieht man auch nicht.	耳も見えません。 mimi mo mie mase n
Den Rücken sieht man auch nicht.	背中も見えません。 senaka mo mie mase n
Ich zeichne die Augen und den Mund.	目と口を描きます。 mokuto guchi o egaki masu
Der Mann tanzt und lacht.	男性は踊りながら笑っています。 dansei ha odori nagara warat te i masu
Der Mann hat eine lange Nase.	男性の鼻は長いです。 dansei no hana ha nagai desu

58 [achtundfünfzig]

Körperteile

58 [五十八]
58 [go juu hachi]

体の部分
karada no bubun

Er trägt einen Stock in den Händen.	手に杖を持っています。 te ni tsue o mot te i masu
Er trägt auch einen Schal um den Hals.	首にショールを巻いています。 kubi ni shoru o mai te i masu
Es ist Winter und es ist kalt.	冬なので寒いです。 fuyu na node samui desu
Die Arme sind kräftig.	腕はたくましいです。 ude ha takumashii desu
Die Beine sind auch kräftig.	脚もたくましいです。 ashi mo takumashii desu
Der Mann ist aus Schnee.	男性は雪で出来ています。 dansei ha yuki de deki te i masu
Er trägt keine Hose und keinen Mantel.	彼はズボンもコートも着ていません。 kare ha zubon mo koto mo ki te i mase n
Aber der Mann friert nicht.	でも男性は震えていません。 demo dansei ha furue te i mase n
Er ist ein Schneemann.	彼は雪だるまです。 kare ha yukidaruma desu

59 [neunundfünfzig]

Im Postamt

59 [五十九]
59 [go juu kyuu]

郵便局で
yuubin kyoku de

Wo ist das nächste Postamt? 一番近い郵便局はどこですか？
ichiban chikai yuubin kyoku ha doko desu ka

Ist es weit bis zum nächsten Postamt? 次の郵便局までは遠いですか？
tsugi no yuubin kyoku made ha tooi desu ka

Wo ist der nächste Briefkasten? 一番近いポストはどこですか？
ichiban chikai posuto ha doko desu ka

Ich brauche ein paar Briefmarken. 切手を二枚ください。
kitte o ni mai kudasai

Für eine Karte und einen Brief. はがきと封書です。
hagaki to fuusho desu

Wie teuer ist das Porto nach Amerika? アメリカまでの送料はいくらですか？
amerika made no souryou ha ikura desu ka

Wie schwer ist das Paket? 小包の重さは？
kodutsumi no omo sa ha

Kann ich es per Luftpost schicken? それを航空便で送れますか？
sore o koukuu bin de okure masu ka

Wie lange dauert es, bis es ankommt? 何日ぐらいで着きますか？
nan nichi gurai de tsuki masu ka

59 [neunundfünfzig]

59 [五十九]
59 [go juu kyuu]

Im Postamt

郵便局で

yuubin kyoku de

Wo kann ich telefonieren?	どこか電話できるところはありますか？ doko ka denwa dekiru tokoro ha ari masu ka
Wo ist die nächste Telefonzelle?	一番近い電話ボックスはどこですか？ ichiban chikai denwa bokkusu ha doko desu ka
Haben Sie Telefonkarten?	テレフォンカードはありますか？ terefon kado ha ari masu ka
Haben Sie ein Telefonbuch?	電話帳はありますか？ denwa chou ha ari masu ka
Kennen Sie die Vorwahl von Österreich?	オーストリアの国番号がわかりますか？ osutoria no kuni bangou ga wakari masu ka
Einen Augenblick, ich schau mal nach.	お待ちください。調べてみます。 omachi kudasai shirabe te mi masu
Die Leitung ist immer besetzt.	ずっと話中です。 zutto hanashi chuu desu
Welche Nummer haben Sie gewählt?	どの番号にお掛けになりましたか？ dono bangou ni o kake ni nari mashi ta ka
Sie müssen zuerst die Null wählen!	まず初めにゼロをかけなければいけません。 mazu hajime ni zero o kake nakere ba ike mase n

60 [sechzig]

In der Bank

60 [六十]
60 [roku juu]

銀行で
ginkou de

Ich möchte ein Konto eröffnen.
口座を開きたいのですが。
kouza o hiraki tai no desu ga

Hier ist mein Pass.
パスポートはこれです。
pasupoto ha kore desu

Und hier ist meine Adresse.
これが私の住所です。
kore ga watashi no juusho desu

Ich möchte Geld auf mein Konto einzahlen.
口座に現金を入金したいのですが。
kouza ni genkin o nyuukin shi tai no desu ga

Ich möchte Geld von meinem Konto abheben.
口座から現金を下ろしたいのですが。
kouza kara genkin o oroshi tai no desu ga

Ich möchte die Kontoauszüge abholen.
口座明細書をお願いします。
kouza meisai sho o onegai shi masu

Ich möchte einen Reisescheck einlösen.
トラベラーズチェックを換金したいのですが。
toraberazuchekku o kankin shi tai no desu ga

Wie hoch sind die Gebühren?
手数料はいくらですか？
tesuuryou ha ikura desu ka

Wo muss ich unterschreiben?
どこにサインすればいいですか？
doko ni sain sure ba ii desu ka

60 [sechzig]

60 [六十]
60 [roku juu]

In der Bank

銀行で
ginkou de

Ich erwarte eine Überweisung aus Deutschland.	ドイツからの送金を待っています。 doitsu kara no soukin o mat te i masu
Hier ist meine Kontonummer.	これが私の口座番号です。 kore ga watashi no kouza bangou desu
Ist das Geld angekommen?	入金はありましたか？ nyuukin ha ari mashi ta ka
Ich möchte dieses Geld wechseln.	これを両替したいのですが。 kore o ryougae shi tai no desu ga
Ich brauche US-Dollar.	米ドルが要ります。 amerikadoru ga iri masu
Bitte geben Sie mir kleine Scheine.	小額紙幣でお願いします。 shougaku shihei de onegai shi masu
Gibt es hier einen Geldautomat?	ＡＴＭはここにありますか？ ATM ha koko ni ari masu ka
Wie viel Geld kann man abheben?	引き出し限度額はいくらですか？ hikidashi gendo gaku ha ikura desu ka
Welche Kreditkarten kann man benutzen?	どのクレジットカードが使えますか？ dono kurejittokado ga tsukae masu ka

61 [einundsechzig]

Ordinalzahlen

61 [六十一]
61 [roku juu ichi]

序数
jo suu

Der erste Monat ist der Januar.	一番目の月は一月です。 ichi banme no tsuki ha ichigatsu desu
Der zweite Monat ist der Februar.	二番目の月は二月です。 ni banme no tsuki ha nigatsu desu
Der dritte Monat ist der März.	三番目の月は三月です。 san banme no tsuki ha sangatsu desu
Der vierte Monat ist der April.	四番目の月は四月です。 yon banme no tsuki ha shigatsu desu
Der fünfte Monat ist der Mai.	五番目の月は五月です。 go banme no tsuki ha gogatsu desu
Der sechste Monat ist der Juni.	六番目の月は六月です。 roku banme no tsuki ha rokugatsu desu
Sechs Monate sind ein halbes Jahr.	六ヶ月で半年です。 roku kagetsu de hantoshi desu
Januar, Februar, März,	一月、二月、三月、 ichigatsu , nigatsu , sangatsu ,
April, Mai und Juni.	四月、五月、六月。 shigatsu , gogatsu , rokugatsu

61 [einundsechzig]

Ordinalzahlen

61 [六十一]
61 [roku juu ichi]

序数
jo suu

Der siebte Monat ist der Juli.	七番目の月は七月です。 nana banme no tsuki ha shichigatsu desu
Der achte Monat ist der August.	八番目の月は八月です。 hachi banme no tsuki ha hachigatsu desu
Der neunte Monat ist der September.	九番目の月は九月です。 kyuu banme no tsuki ha kugatsu desu
Der zehnte Monat ist der Oktober.	十番目の月は十月です。 juu banme no tsuki ha juugatsu desu
Der elfte Monat ist der November.	十一番目の月は十一月です。 juu ichi banme no tsuki ha juuichigatsu desu
Der zwölfte Monat ist der Dezember.	十二番目の月は十二月です。 juu ni banme no tsuki ha juunigatsu desu
Zwölf Monate sind ein Jahr.	十二ヶ月で一年です。 juu ni kagetsu de ichi nen desu
Juli, August, September,	七月、八月、九月、 shichigatsu , hachigatsu , kugatsu ,
Oktober, November und Dezember.	十月、十一月、十二月。 juugatsu , juuichigatsu , juunigatsu

62 [zweiundsechzig]

62 [六十二]

62 [roku juu ni]

Fragen stellen 1

質問する　1

shitsumon suru 1

lernen

学ぶ

manabu

Lernen die Schüler viel?

生徒はよく勉強しますか？

seito ha yoku benkyou shi masu ka

Nein, sie lernen wenig.

いいえ、あまり勉強しません。

iie , amari benkyou shi mase n

fragen

質問

shitsumon

Fragen Sie oft den Lehrer?

先生によく質問しますか？

sensei ni yoku shitsumon shi masu ka

Nein, ich frage ihn nicht oft.

いいえ、あまりしません。

iie , amari shi mase n

antworten

答え

kotae

Antworten Sie, bitte.

答えなさい。

kotae nasai

Ich antworte.

答えます。

kotae masu

62 [zweiundsechzig]

62 [六十二]
62 [roku juu ni]

Fragen stellen 1

質問する　1
shitsumon suru 1

arbeiten	働く hataraku
Arbeitet er gerade?	彼は今仕事中ですか？ kare ha kon shigoto chuu desu ka
Ja, er arbeitet gerade.	ええ、ちょうど働いています。 ee , choudo hatarai te i masu
kommen	来る kuru
Kommen Sie?	あなたたちは来ますか？ anata tachi ha ki masu ka
Ja, wir kommen gleich.	ええ、すぐ行きます。 ee , sugu iki masu
wohnen	住む sumu
Wohnen Sie in Berlin?	ベルリンにお住まいですか？ berurin ni o sumai desu ka
Ja, ich wohne in Berlin.	ええ、ベルリンに住んでいます。 ee , berurin ni sun de i masu

63 [dreiundsechzig]

Fragen stellen 2

63 [六十三]
63 [roku juu san]

質問する　2
shitsumon suru 2

Ich habe ein Hobby.	趣味があります。 shumi ga ari masu
Ich spiele Tennis.	テニスをします。 tenisu o shi masu
Wo ist ein Tennisplatz?	テニス場はどこですか？ tenisu jou ha doko desu ka
Hast du ein Hobby?	あなたは何か趣味がありますか？ anata ha nani ka shumi ga ari masu ka
Ich spiele Fußball.	サッカーをします。 sakka o shi masu
Wo ist ein Fußballplatz?	サッカー場はどこですか？ sakka jou ha doko desu ka
Mein Arm tut weh.	腕が痛いです。 ude ga itai desu
Mein Fuß und meine Hand tun auch weh.	足と手も痛いです。 ashi to te mo itai desu
Wo ist ein Doktor?	医者はどこですか？ isha ha doko desu ka

63 [dreiundsechzig]

Fragen stellen 2

63 [六十三]
63 [roku juu san]

質問する　2
shitsumon suru 2

Ich habe ein Auto.	車があります。 kuruma ga ari masu
Ich habe auch ein Motorrad.	バイクもあります。 baiku mo ari masu
Wo ist ein Parkplatz?	駐車場はどこですか？ chuusha jou ha doko desu ka
Ich habe einen Pullover.	セーターがあります。 seta ga ari masu
Ich habe auch eine Jacke und eine Jeans.	上着とジーンズもあります。 uwagi to jinzu mo ari masu
Wo ist die Waschmaschine?	洗濯機はどこですか？ sentaku ki ha doko desu ka
Ich habe einen Teller.	お皿があります。 o sara ga ari masu
Ich habe ein Messer, eine Gabel und einen Löffel.	ナイフ、フォーク、スプーンがあります。 naifu , foku , supun ga ari masu
Wo sind Salz und Pfeffer?	塩と胡椒はどこですか？ shio to koshou ha doko desu ka

64 [vierundsechzig]

64 [六十四]
64 [roku juu yon]

Verneinung 1

否定形　1
ina teikei 1

Ich verstehe das Wort nicht.	その単語がわかりません。 sono tango ga wakari mase n
Ich verstehe den Satz nicht.	その文章がわかりません。 sono bunshou ga wakari mase n
Ich verstehe die Bedeutung nicht.	その意味がわかりません。 sono imi ga wakari mase n
der Lehrer	男性教師 dansei kyoushi
Verstehen Sie den Lehrer?	先生の言っていることがわかりますか？ sensei no it te iru koto ga wakari masu ka
Ja, ich verstehe ihn gut.	ええ、よくわかります。 ee , yoku wakari masu
die Lehrerin	女性教師 josei kyoushi
Verstehen Sie die Lehrerin?	先生の言っていることがわかりますか？ sensei no it te iru koto ga wakari masu ka
Ja, ich verstehe sie gut.	ええ、よくわかります。 ee , yoku wakari masu

64 [vierundsechzig]

64 [六十四]
64 [roku juu yon]

Verneinung 1

否定形　1
ina teikei 1

die Leute	人々 hitobito
Verstehen Sie die Leute?	人々の言うことがわかりますか？ hitobito no iu koto ga wakari masu ka
Nein, ich verstehe sie nicht so gut.	いいえ、あまり良くわかりません。 iie , amari yoku wakari mase n
die Freundin	ガールフレンド garufurendo
Haben Sie eine Freundin?	ガールフレンドはいますか？ garufurendo ha i masu ka
Ja, ich habe eine.	ええ、います。 ee , i masu
die Tochter	娘 musume
Haben Sie eine Tochter?	あなたに娘さんはいますか？ anata ni musume san ha i masu ka
Nein, ich habe keine.	いいえ、いません。 iie , i mase n

65 [fünfundsechzig]

Verneinung 2

65 [六十五]
65 [roku juu go]

否定形　2
ina teikei 2

Ist der Ring teuer?	その指輪は高いですか？ sono yubiwa ha takai desu ka
Nein, er kostet nur hundert Euro.	いいえ、たったの１００ユーロですよ。 iie , tatta no 100 yuro desu yo
Aber ich habe nur fünfzig.	でも５０しか持っていないんです。 demo 50 shika mot te i nai n desu
Bist du schon fertig?	もう終わりましたか？ mou owari mashi ta ka
Nein, noch nicht.	いいえ、まだです。 iie , mada desu
Aber gleich bin ich fertig.	でももうじきに終わります。 demo mou jiki ni owari masu
Möchtest du noch Suppe?	スープをもっといかがですか？ supu o motto ikaga desu ka
Nein, ich will keine mehr.	いいえ、もう結構です。 iie , mou kekkou desu
Aber noch ein Eis.	でもアイスをお願いします。 demo aisu o onegai shi masu

65 [fünfundsechzig]

Verneinung 2

65 [六十五]
65 [roku juu go]

否定形　2
ina teikei 2

Wohnst du schon lange hier?	もうここに住んで長いのですか？ mou koko ni sun de nagai no desu ka
Nein, erst einen Monat.	いいえ、まだ一ヶ月目です。 iie , mada ichi kagetsu me desu
Aber ich kenne schon viele Leute.	でも既にいろんな人たちと知り合いになりました。 demo sudeni ironna hito tachi to shiriai ni nari mashi ta
Fährst du morgen nach Hause?	明日、家へ運転して帰りますか？ ashita , ie he unten shi te kaeri masu ka
Nein, erst am Wochenende.	いいえ、週末です。 iie , shuumatsu desu
Aber ich komme schon am Sonntag zurück.	でも、日曜にはもう戻ってきます。 demo , nichiyou ni ha mou modot te ki masu
Ist deine Tochter schon erwachsen?	あなたの娘はもう大人ですか？ anata no musume ha mou otona desu ka
Nein, sie ist erst siebzehn.	いいえ、まだ１７です。 iie , mada 17 desu
Aber sie hat schon einen Freund.	でもすでにボーイフレンドがいます。 demo sudeni boifurendo ga i masu

66
[sechsundsechzig]

Possessivpronomen 1

66 [六十六]
66 [roku juu roku]

所有代名詞　1
shoyuu daimeishi 1

ich – mein	私—私の watashi watashi no
Ich finde meinen Schlüssel nicht.	私の鍵が見つかりません。 watashi no kagi ga mitsukari mase n
Ich finde meine Fahrkarte nicht.	私の乗車券が見つかりません。 watashi no jousha ken ga mitsukari mase n
du – dein	あなた—あなたの anata anata no
Hast du deinen Schlüssel gefunden?	あなたの鍵は見つかりましたか？ anata no kagi ha mitsukari mashi ta ka
Hast du deine Fahrkarte gefunden?	あなたの乗車券は見つかりましたか？ anata no jousha ken ha mitsukari mashi ta ka
er – sein	彼—彼の kare kare no
Weißt du, wo sein Schlüssel ist?	彼の鍵がどこだか知っていますか？ kare no kagi ga doko da ka shit te i masu ka
Weißt du, wo seine Fahrkarte ist?	彼の乗車券がどこだか知っていますか？ kare no jousha ken ga doko da ka shit te i masu ka

66
[sechsundsechzig]

Possessivpronomen 1

66 [六十六]
66 [roku juu roku]

所有代名詞　1
shoyuu daimeishi 1

sie – ihr	彼女—彼女の kanojo kanojo no
Ihr Geld ist weg.	彼女のお金がなくなってしまいました。 kanojo no okane ga nakunat te shimai mashi ta
Und ihre Kreditkarte ist auch weg.	彼女のクレジットカードもなくなりました。 kanojo no kurejittokado mo nakunari mashi ta
wir – unser	私達—私達の watashi tachi watashi tachi no
Unser Opa ist krank.	私達の祖父は病気です。 watashi tachi no sofu ha byouki desu
Unsere Oma ist gesund.	私達の祖母は健康です。 watashi tachi no sobo ha kenkou desu
ihr – euer	あなた達—あなた達の anata tachi anata tachi no
Kinder, wo ist euer Vati?	子供たち、あなた達のお父さんはどこ？ kodomo tachi , anata tachi no otousan ha doko
Kinder, wo ist eure Mutti?	子供たち、あなた達のお母さんはどこ？ kodomo tachi , anata tachi no okaasan ha doko

67
[siebenundsechzig]

Possessivpronom
en 2

67 [六十七]
67 [roku juu nana]

所有代名詞　2
shoyuu daimeishi 2

die Brille	眼鏡 megane
Er hat seine Brille vergessen.	彼は彼の眼鏡を忘れました。 kare ha kare no megane o wasure mashi ta
Wo hat er denn seine Brille?	彼の眼鏡はどこにあるのですか？ kare no megane ha doko ni aru no desu ka
die Uhr	時計 tokei
Seine Uhr ist kaputt.	彼の時計は壊れています。 kare no tokei ha koware te i masu
Die Uhr hängt an der Wand.	時計が壁にかかっています。 tokei ga kabe ni kakat te i masu
der Pass	パスポート pasupoto
Er hat seinen Pass verloren.	彼は彼のパスポートを無くしました。 kare ha kare no pasupoto o nakushi mashi ta
Wo hat er denn seinen Pass?	ではどこに彼のパスポートはあるのでしょう？ deha doko ni kare no pasupoto ha aru no desho u

67 [siebenundsechzig]

Possessivpronomen 2

67 [六十七]
67 [roku juu nana]

所有代名詞　2
shoyuu daimeishi 2

sie – ihr
彼ら—彼らの
karera karera no

Die Kinder können ihre Eltern nicht finden.
子供達は自分の両親を見つけられません。
kodomo tachi ha jibun no ryoushin o mitsuke rare mase n

Aber da kommen ja ihre Eltern!
でも、彼らの両親が来ましたよ！
demo , karera no ryoushin ga ki mashi ta yo !

Sie – Ihr
あなた一あなたの
anata anata no

Wie war Ihre Reise, Herr Müller?
ミィラーさん、旅行はいかがでしたか？
mira san , ryokou ha ikaga deshi ta ka

Wo ist Ihre Frau, Herr Müller?
ミィラーさん、奥様はどこですか？
mira san , okusama ha doko desu ka

Sie – Ihr
あなた一あなたの
anata anata no

Wie war Ihre Reise, Frau Schmidt?
スミスさん、旅行はいかがでしたか？
sumisu san , ryokou ha ikaga deshi ta ka

Wo ist Ihr Mann, Frau Schmidt?
スミスさん、ご主人はどこですか？
sumisu san , go shujin ha doko desu ka

68 [achtundsechzig]

groß – klein

68 [六十八]
68 [roku juu hachi]

小さい—大きい
chiisai ookii

groß und klein	大と小 dai to shou
Der Elefant ist groß.	象は大きい。 zou ha ookii
Die Maus ist klein.	ねずみは小さい。 nezumi ha chiisai
dunkel und hell	明るいと暗い akarui to kurai
Die Nacht ist dunkel.	夜は暗い。 yoru ha kurai
Der Tag ist hell.	昼は明るい。 hiru ha akarui
alt und jung	年を取ったと若い toshi o tot ta to wakai
Unser Großvater ist sehr alt.	私達の祖父はとても高齢です。 watashi tachi no sofu ha totemo kourei desu
Vor 70 Jahren war er noch jung.	７０年前は彼はまだ若かったです。 70 nen mae ha kare ha mada wakakat ta desu

68 [achtundsechzig]

groß – klein

68 [六十八]
68 [roku juu hachi]

小さい–大きい
chiisai ookii

schön und hässlich	美しいと醜い utsukushii to minikui
Der Schmetterling ist schön.	蝶は美しい。 chou ha utsukushii
Die Spinne ist hässlich.	蜘蛛は醜い。 kumo ha minikui
dick und dünn	肥満と細身 himan to hosomi
Eine Frau mit 100 Kilo ist dick.	女性で１００キロは肥満です。 josei de 100 kiro ha himan desu
Ein Mann mit 50 Kilo ist dünn.	男性で５０キロは細身です。 dansei de 50 kiro ha hosomi desu
teuer und billig	高いと安い takai to yasui
Das Auto ist teuer.	自動車は高い。 jidousha ha takai
Die Zeitung ist billig.	新聞は安い。 shinbun ha yasui

69

[neunundsechzig]

brauchen – wollen

69 [六十九]

69 [roku juu kyuu]

必要とする–欲する

hitsuyou to suru hossuru

Ich brauche ein Bett.	ベッドが要ります。 beddo ga iri masu
Ich will schlafen.	眠りたいです。 nemuri tai desu
Gibt es hier ein Bett?	ここにはベッドはありますか？ koko ni ha beddo ha ari masu ka
Ich brauche eine Lampe.	電灯が要ります。 dentou ga iri masu
Ich will lesen.	読みたいです。 yomi tai desu
Gibt es hier eine Lampe?	ここには電灯はありますか？ koko ni ha dentou ha ari masu ka
Ich brauche ein Telefon.	電話が要ります。 denwa ga iri masu
Ich will telefonieren.	電話をしたいです。 denwa o shi tai desu
Gibt es hier ein Telefon?	ここには電話はありますか？ koko ni ha denwa ha ari masu ka

69
[neunundsechzig]

brauchen –
wollen

69 [六十九]
69 [roku juu kyuu]

必要とする–欲
する
hitsuyou to suru hossuru

Ich brauche eine Kamera.	カメラが要ります。 kamera ga iri masu
Ich will fotografieren.	写真をとりたいです。 shashin o tori tai desu
Gibt es hier eine Kamera?	ここにはカメラはありますか？ koko ni ha kamera ha ari masu ka
Ich brauche einen Computer.	コンピューターが要ります。 konpyuta ga iri masu
Ich will eine E-Mail schicken.	Ｅメールを送りたいです。 E meru o okuri tai desu
Gibt es hier einen Computer?	ここにはコンピューターはありますか？ koko ni ha konpyuta ha ari masu ka
Ich brauche einen Kuli.	ボールペンが要ります。 borupen ga iri masu
Ich will etwas schreiben.	書きたいことがあります。 kaki tai koto ga ari masu
Gibt es hier ein Blatt Papier und einen Kuli?	ここには紙とボールペンはありますか？ koko ni ha kami to borupen ha ari masu ka

70 [siebzig]

etwas mögen

70 [七十]
70 [nana juu]

何かを望む
nani ka o nozomu

Möchten Sie rauchen?
タバコを吸いたいですか？
tabako o sui tai desu ka

Möchten Sie tanzen?
踊りたいですか？
odori tai desu ka

Möchten Sie spazieren gehen?
散歩に行きたいですか？
sanpo ni iki tai desu ka

Ich möchte rauchen.
タバコが吸いたい〔です〕。
tabako ga sui tai desu

Möchtest du eine Zigarette?
タバコ、要りますか？
tabako , iri masu ka

Er möchte Feuer.
彼はライターが必要です。
kare ha raita ga hitsuyou desu

Ich möchte etwas trinken.
何か飲みたいのですが。
nani ka nomi tai no desu ga

Ich möchte etwas essen.
何か食べたいのですが。
nani ka tabe tai no desu ga

Ich möchte mich etwas ausruhen.
少し休憩したいのですが。
sukoshi kyuukei shi tai no desu ga

70 [siebzig]

etwas mögen

70 [七十]
70 [nana juu]

何かを望む
nani ka o nozomu

Ich möchte Sie etwas fragen.	あなたにちょっとお聞きしたいのですが。 anata ni chotto o kiki shi tai no desu ga
Ich möchte Sie um etwas bitten.	あなたにちょっとお願いがあるのですが。 anata ni chotto onegai ga aru no desu ga
Ich möchte Sie zu etwas einladen.	あなたをちょっとご招待したいのですが。 anata o chotto go shoutai shi tai no desu ga
Was möchten Sie bitte?	何が欲しいですか？ nani ga hoshii desu ka
Möchten Sie einen Kaffee?	コーヒーはいかがですか？ kohi ha ikaga desu ka
Oder möchten Sie lieber einen Tee?	それともお茶のほうがいいですか？ soretomo ocha no hou ga ii desu ka
Wir möchten nach Hause fahren.	私達は運転して家へ帰りたいです。 watashi tachi ha unten shi te ie he kaeri tai desu
Möchtet ihr ein Taxi?	タクシーは要りますか？ takushi ha iri masu ka
Sie möchten telefonieren.	彼らは電話をしたいのですね。 karera ha denwa o shi tai no desu ne

71 [einundsiebzig]

etwas wollen

71 [七十一]
71 [nana juu ichi]

何かを欲する
nani ka o hossuru

Was wollt ihr? | 何がしたいのですか？
nani ga shi tai no desu ka

Wollt ihr Fußball spielen? | サッカーがしたいのですか？
sakka ga shi tai no desu ka

Wollt ihr Freunde besuchen? | 友達を訪ねたいのですか？
tomodachi o tazune tai no desu ka

wollen | 要望
youbou

Ich will nicht spät kommen. | 遅刻したくないです。
chikoku shi taku nai desu

Ich will nicht hingehen. | そこへは行きたくないです。
soko he ha iki taku nai desu

Ich will nach Hause gehen. | 家へ帰りたいです。
ie he kaeri tai desu

Ich will zu Hause bleiben. | 家にいたいです。
ie ni i tai desu

Ich will allein sein. | 一人でいたいです。
ichi nin de i tai desu

71 [einundsiebzig]

etwas wollen

71 [七十一]
71 [nana juu ichi]

何かを欲する
nani ka o hossuru

Willst du hier bleiben?	あなたはここにいるつもりですか？ anata ha koko ni iru tsumori desu ka
Willst du hier essen?	あなたはここで食べるつもりですか？ anata ha koko de taberu tsumori desu ka
Willst du hier schlafen?	あなたはここで寝るつもりですか？ anata ha koko de neru tsumori desu ka
Wollen Sie morgen abfahren?	明日、出発なさいますか？ ashita , shuppatsu nasai masu ka
Wollen Sie bis morgen bleiben?	滞在は明日までですか？ taizai ha ashita made desu ka
Wollen Sie die Rechnung erst morgen bezahlen?	お会計は明日、お支払いにしますか？ o kaikei ha ashita , o shiharai ni shi masu ka
Wollt ihr in die Disko?	ディスコに行きたいですか？ disuko ni iki tai desu ka
Wollt ihr ins Kino?	映画館に行きたいですか？ eiga kan ni iki tai desu ka
Wollt ihr ins Café?	カフェに行きたいですか？ kafe ni iki tai desu ka

72 [zweiundsiebzig]

etwas müssen

72 [七十二]
72 [nana juu ni]

何かをしなければならない
nani ka o shi nakere ba nara nai

müssen	必然／必要 hitsuzen / hitsuyou
Ich muss den Brief verschicken.	手紙を発送しなければならない。 tegami o hassou shi nakere ba nara nai
Ich muss das Hotel bezahlen.	ホテルの支払いをしなければならない。 hoteru no shiharai o shi nakere ba nara nai
Du musst früh aufstehen.	あなたは早起きしなければならない。 anata ha hayaoki shi nakere ba nara nai
Du musst viel arbeiten.	あなたはたくさん働かなければならない。 anata ha takusan hataraka nakere ba nara nai
Du musst pünktlich sein.	あなたは時間を守らなければならない。 anata ha jikan o mamora nakere ba nara nai
Er muss tanken.	彼はガソリンを入れなければならない。 kare ha gasorin o ire nakere ba nara nai
Er muss das Auto reparieren.	彼は車を修理しなければならない。 kare ha kuruma o shuuri shi nakere ba nara nai
Er muss das Auto waschen.	彼は洗車をしなければならない。 kare ha sensha o shi nakere ba nara nai

72 [zweiundsiebzig]

etwas müssen

72 [七十二]
72 [nana juu ni]

何かをしなければならない
nani ka o shi nakere ba nara nai

Sie muss einkaufen.	彼女は買い物に行かなければならない。 kanojo ha kaimono ni ika nakere ba nara nai
Sie muss die Wohnung putzen.	彼女はアパートを掃除しなければならない。 kanojo ha apato o souji shi nakere ba nara nai
Sie muss die Wäsche waschen.	彼女は洗濯物を洗濯しなければならない。 kanojo ha sentaku butsu o sentaku shi nakere ba nara nai
Wir müssen gleich zur Schule gehen.	私達はもう学校に行かなければならない。 watashi tachi ha mou gakkou ni ika nakere ba nara nai
Wir müssen gleich zur Arbeit gehen.	私達はもう仕事に行かなければならない。 watashi tachi ha mou shigoto ni ika nakere ba nara nai
Wir müssen gleich zum Arzt gehen.	私達はもう医者に行かなければならない。 watashi tachi ha mou isha ni ika nakere ba nara nai
Ihr müsst auf den Bus warten.	あなた達はバスを待たなければいけない。 anata tachi ha basu o mata nakere ba ike nai
Ihr müsst auf den Zug warten.	あなた達は列車を待たなければいけない。 anata tachi ha ressha o mata nakere ba ike nai
Ihr müsst auf das Taxi warten.	あなた達はタクシーを待たなければいけない。 anata tachi ha takushi o mata nakere ba ike nai

73 [dreiundsiebzig]

etwas dürfen

73 [七十三]
73 [nana juu san]

何かをしても良い
nani ka o shi te mo yoi

Darfst du schon Auto fahren?	あなたはもう、運転してもいいのですか？ anata ha mou , unten shi te mo ii no desu ka
Darfst du schon Alkohol trinken?	あなたはもう、お酒を飲んでもいいのですか？ anata ha mou , o sake o non de mo ii no desu ka
Darfst du schon allein ins Ausland fahren?	あなたはもう、一人で外国に行ってもいいのですか？ anata ha mou , ichi nin de gaikoku ni it te mo ii no desu ka
dürfen	許可 kyoka
Dürfen wir hier rauchen?	ここでタバコを吸ってもかまいませんか？ koko de tabako o sut te mo kamai mase n ka
Darf man hier rauchen?	ここではタバコを吸ってもいいのですか？ koko de ha tabako o sut te mo ii no desu ka
Darf man mit Kreditkarte bezahlen?	クレジットカードで払っても良いですか？ kurejittokado de harat te mo yoi desu ka
Darf man mit Scheck bezahlen?	小切手で払っても良いですか？ kogitte de harat te mo yoi desu ka
Darf man nur bar bezahlen?	現金払いのみですか？ genkin harai nomi desu ka

73 [dreiundsiebzig]

etwas dürfen

73 [七十三]
73 [nana juu san]

何かをしても良い
nani ka o shi te mo yoi

Darf ich mal eben telefonieren?	ちょっと電話してもいいですか？ chotto denwa shi te mo ii desu ka
Darf ich mal eben etwas fragen?	ちょっとお聞きしてもいいですか？ chotto o kiki shi te mo ii desu ka
Darf ich mal eben etwas sagen?	ちょっと言いたいことがあるのですが。 chotto ii tai koto ga aru no desu ga
Er darf nicht im Park schlafen.	彼は公園で寝てはいけません。 kare ha kouen de ne te ha ike mase n
Er darf nicht im Auto schlafen.	彼は車の中で寝てはいけません。 kare ha kuruma no naka de ne te ha ike mase n
Er darf nicht im Bahnhof schlafen.	彼は駅で寝てはいけません。 kare ha eki de ne te ha ike mase n
Dürfen wir Platz nehmen?	座ってもいいですか？ suwat te mo ii desu ka
Dürfen wir die Speisekarte haben?	ﾒﾆｭｰを見せていただけますか？ menyu o mise te itadake masu ka
Dürfen wir getrennt zahlen?	支払いは別々でもいいですか？ shiharai ha betsubetsu demo ii desu ka

74 [vierundsiebzig]

um etwas bitten

74 [七十四]

74 [nana juu yon]

何かをお願いする

nani ka o onegai suru

Können Sie mir die Haare schneiden?
髪のカットをお願いします。
kami no katto o onegai shi masu

Nicht zu kurz, bitte.
短すぎないよう、お願いします。
mijika sugi nai you , onegai shi masu

Etwas kürzer, bitte.
少し、短めにお願いします。
sukoshi , mijikame ni onegai shi masu

Können Sie die Bilder entwickeln?
写真を現像してもらえますか？
shashin o genzou shi te morae masu ka

Die Fotos sind auf der CD.
写真はＣＤに入っています。
shashin ha CD ni hait te i masu

Die Fotos sind in der Kamera.
写真はカメラに入っています。
shashin ha kamera ni hait te i masu

Können Sie die Uhr reparieren?
時計を修理してもらえますか？
tokei o shuuri shi te morae masu ka

Das Glas ist kaputt.
ガラスが壊れました。
garasu ga koware mashi ta

Die Batterie ist leer.
電池が切れました。
denchi ga kire mashi ta

74 [vierundsiebzig]

um etwas bitten

74 [七十四]

74 [nana juu yon]

何かをお願いする

nani ka o onegai suru

Können Sie das Hemd bügeln?	シャツにアイロンをかけてもらえますか？ shatsu ni airon o kake te morae masu ka
Können Sie die Hose reinigen?	ズボンを洗濯してもらえますか？ zubon o sentaku shi te morae masu ka
Können Sie die Schuhe reparieren?	靴を修理してもらえますか？ kutsu o shuuri shi te morae masu ka
Können Sie mir Feuer geben?	火を貸してもらえますか？ hi o kashi te morae masu ka
Haben Sie Streichhölzer oder ein Feuerzeug?	マッチかライターはありますか？ macchi ka raita ha ari masu ka
Haben Sie einen Aschenbecher?	灰皿はありますか？ haizara ha ari masu ka
Rauchen Sie Zigarren?	葉巻を吸いますか？ hamaki o sui masu ka
Rauchen Sie Zigaretten?	タバコを吸いますか？ tabako o sui masu ka
Rauchen Sie Pfeife?	パイプを吸いますか？ paipu o sui masu ka

75 [fünfundsiebzig]

etwas begründen 1

75 [七十五]
75 [nana juu go]

何かを理由付ける 1
nani ka o riyuu tsukeru 1

Warum kommen Sie nicht?	あなたはなぜ来ないのですか？ anata ha naze ko nai no desu ka
Das Wetter ist so schlecht.	天気が悪すぎるので。 tenki ga waru sugiru node
Ich komme nicht, weil das Wetter so schlecht ist.	天気が悪いので行きません。 tenki ga warui no de iki mase n
Warum kommt er nicht?	彼はなぜ来ないのですか？ kare ha naze ko nai no desu ka
Er ist nicht eingeladen.	彼は招待されていないので。 kare ha shoutai sa re te i nai node
Er kommt nicht, weil er nicht eingeladen ist.	彼は招待されてないので来ません。 kare ha shoutai sa re te nai node ki mase n
Warum kommst du nicht?	あなたはなぜ来ないのですか？ anata ha naze ko nai no desu ka
Ich habe keine Zeit.	時間がないので。 jikan ga nai node
Ich komme nicht, weil ich keine Zeit habe.	時間がないので、行きません。 jikan ga nai node , iki mase n

75 [fünfundsiebzig]

etwas begründen 1

75 [七十五]
75 [nana juu go]

何かを理由付ける　1
nani ka o riyuu tsukeru 1

Warum bleibst du nicht?	なぜあなたは残らないのですか？ naze anata ha nokora nai no desu ka
Ich muss noch arbeiten.	まだ仕事があるので。 mada shigoto ga aru node
Ich bleibe nicht, weil ich noch arbeiten muss.	まだ仕事があるので、残りません。 mada shigoto ga aru node , nokori mase n
Warum gehen Sie schon?	あなたはなぜもう帰るのですか？ anata ha naze mou kaeru no desu ka
Ich bin müde.	眠いので。 nemui node
Ich gehe, weil ich müde bin.	眠いので、帰ります。 nemui node , kaeri masu
Warum fahren Sie schon?	あなたはなぜもう帰るのですか？ anata ha naze mou kaeru no desu ka
Es ist schon spät.	もう夜遅いので。 mou yoru osoi node
Ich fahre, weil es schon spät ist.	もう夜遅いので、帰ります。 mou yoru osoi node , kaeri masu

76
[sechsundsiebzig]

etwas begründen
2

76 [七十六]
76 [nana juu roku]

何かを理由付ける　2
nani ka o riyuu tsukeru 2

Warum bist du nicht gekommen?	あなたはなぜ来なかったの？ anata ha naze ko nakat ta no
Ich war krank.	病気だったので。 byouki dat ta node
Ich bin nicht gekommen, weil ich krank war.	病気だったので行きませんでした。 byouki dat ta node iki mase n deshi ta
Warum ist sie nicht gekommen?	なぜ彼女は来なかったの？ naze kanojo ha ko nakat ta no
Sie war müde.	疲れていたので。 tsukare te i ta node
Sie ist nicht gekommen, weil sie müde war.	彼女は疲れていたので来ませんでした。 kanojo ha tsukare te i ta node ki mase n deshi ta
Warum ist er nicht gekommen?	なぜ彼は来なかったの？ naze kare ha ko nakat ta no
Er hatte keine Lust.	興味がなかったので。 kyoumi ga nakat ta node
Er ist nicht gekommen, weil er keine Lust hatte.	彼は興味がなかったので、来ませんでした。 kare ha kyoumi ga nakat ta node , ki mase n deshi ta

76
[sechsundsiebzig]

etwas begründen
2

76 [七十六]
76 [nana juu roku]

何かを理由付ける　2
nani ka o riyuu tsukeru 2

Warum seid ihr nicht gekommen?	なぜあなた達は来なかったの？ naze anata tachi ha ko nakat ta no
Unser Auto ist kaputt.	車が壊れているので。 kuruma ga koware te iru node
Wir sind nicht gekommen, weil unser Auto kaputt ist.	私達は、車が壊れているで来ませんでした。 watashi tachi ha , kuruma ga koware te iru de ki mase n deshi ta
Warum sind die Leute nicht gekommen?	なぜ人々は来なかったの？ naze hitobito ha ko nakat ta no
Sie haben den Zug verpasst.	彼らは列車に乗り遅れたので。 karera ha ressha ni noriokure ta node
Sie sind nicht gekommen, weil sie den Zug verpasst haben.	彼らは、列車に乗り遅れたので来ませんでした。 karera ha , ressha ni noriokure ta node ki mase n deshi ta
Warum bist du nicht gekommen?	なぜあなたは来なかったの？ naze anata ha ko nakat ta no
Ich durfte nicht.	来てはいけなかったので。 ki te ha ike nakat ta node
Ich bin nicht gekommen, weil ich nicht durfte.	来てはいけなかったので、来ませんでした。 ki te ha ike nakat ta node , ki mase n deshi ta

77
[siebenundsiebzig]

etwas begründen
3

77 [七十七]
77 [nana juu nana]

何かを理由付ける　3
nani ka o riyuu tsukeru 3

Warum essen Sie die Torte nicht?
あなたはなぜケーキを食べないのですか？
anata ha naze keki o tabe nai no desu ka

Ich muss abnehmen.
痩せないといけないので。
yase nai to ike nai node

Ich esse sie nicht, weil ich abnehmen muss.
痩せないといけないので、食べません。
yase nai to ike nai node , tabe mase n

Warum trinken Sie das Bier nicht?
あなたはなぜビールを飲まないのですか？
anata ha naze biru o noma nai no desu ka

Ich muss noch fahren.
運転しないといけないので。
unten shi nai to ike nai node

Ich trinke es nicht, weil ich noch fahren muss.
運転しないといけないので、飲みません。
unten shi nai to ike nai node , nomi mase n

Warum trinkst du den Kaffee nicht?
あなたはなぜコーヒーを飲まないのですか？
anata ha naze kohi o noma nai no desu ka

Er ist kalt.
冷めてるから。
same teru kara

Ich trinke ihn nicht, weil er kalt ist.
コーヒーが冷めてるので、飲みません。
kohi ga same teru node , nomi mase n

77
[siebenundsiebzig]

etwas begründen
3

77 [七十七]
77 [nana juu nana]

何かを理由付ける　3
nani ka o riyuu tsukeru 3

Warum trinkst du den Tee nicht?	あなたはなぜ紅茶を飲まないのですか？ anata ha naze koucha o noma nai no desu ka
Ich habe keinen Zucker.	砂糖がないので。 satou ga nai node
Ich trinke ihn nicht, weil ich keinen Zucker habe.	砂糖がないので、紅茶を飲みません。 satou ga nai node , koucha o nomi mase n
Warum essen Sie die Suppe nicht?	あなたはなぜスープを飲まないのですか？ anata ha naze supu o noma nai no desu ka
Ich habe sie nicht bestellt.	注文していないからです。 chuumon shi te i nai kara desu
Ich esse sie nicht, weil ich sie nicht bestellt habe.	スープは注文していないので、飲みません。 supu ha chuumon shi te i nai node , nomi mase n
Warum essen Sie das Fleisch nicht?	なぜあなたは肉を食べないのですか？ naze anata ha niku o tabe nai no desu ka
Ich bin Vegetarier.	ベジタリアンだからです。 bejitarian da kara desu
Ich esse es nicht, weil ich Vegetarier bin.	ベジタリアンなので、肉は食べません。 bejitarian na node , niku ha tabe mase n

78 [achtundsiebzig]

Adjektive 1

78 [七十八]
78 [nana juu hachi]

形容詞　1
keiyoushi 1

eine alte Frau	年取った(年老いた)女性 toshitot ta (toshioi ta) josei
eine dicke Frau	太った女性 futot ta josei
eine neugierige Frau	好奇心旺盛な女性 kouki shin ousei na josei
ein neuer Wagen	新しい自動車 atarashii jidousha
ein schneller Wagen	速い自動車 hayai jidousha
ein bequemer Wagen	快適な自動車 kaiteki na jidousha
ein blaues Kleid	青いドレス aoi doresu
ein rotes Kleid	赤いドレス akai doresu
ein grünes Kleid	緑のドレス midori no doresu

78 [achtundsiebzig]

Adjektive 1

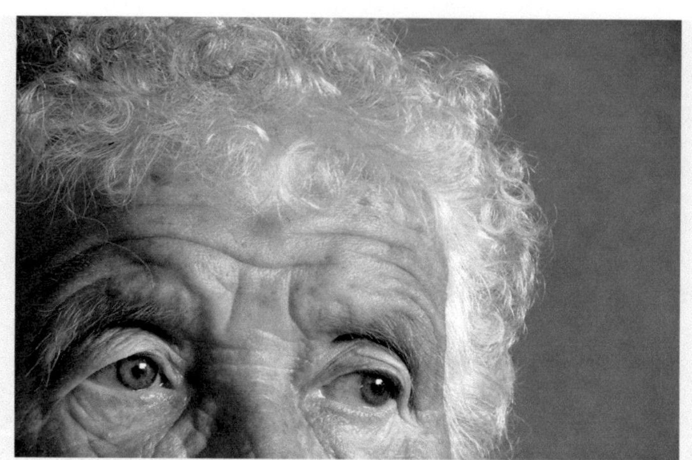

78 [七十八]
78 [nana juu hachi]

形容詞　1
keiyoushi 1

eine schwarze Tasche	黒い鞄 kuroi kaban
eine braune Tasche	茶色の鞄 chairo no kaban
eine weiße Tasche	白い鞄 shiroi kaban
nette Leute	親切な人々 shinsetsu na hitobito
höfliche Leute	礼儀正しい人々 reigi tadashii hitobito
interessante Leute	面白い人々 omoshiroi hitobito
liebe Kinder	愛らしい子供達 airashii kodomo tachi
freche Kinder	生意気な子供達 namaiki na kodomo tachi
brave Kinder	行儀のよい子供達 gyougi no yoi kodomo tachi

79 [neunundsiebzig]

Adjektive 2

79 [七十九]
79 [nana juu kyuu]

形容詞　2
keiyoushi 2

Ich habe ein blaues Kleid an.	青いドレスを着ています。 aoi doresu o ki te i masu
Ich habe ein rotes Kleid an.	赤いドレスを着ています。 akai doresu o ki te i masu
Ich habe ein grünes Kleid an.	緑のドレスを着ています。 midori no doresu o ki te i masu
Ich kaufe eine schwarze Tasche.	黒い鞄を買います。 kuroi kaban o kai masu
Ich kaufe eine braune Tasche.	茶色の鞄を買います。 chairo no kaban o kai masu
Ich kaufe eine weiße Tasche.	白い鞄を買います。 shiroi kaban o kai masu
Ich brauche einen neuen Wagen.	新しい車が要ります。 atarashii kuruma ga iri masu
Ich brauche einen schnellen Wagen.	速い車が要ります。 hayai kuruma ga iri masu
Ich brauche einen bequemen Wagen.	快適な車が要ります。 kaiteki na kuruma ga iri masu

79 [neunundsiebzig]

Adjektive 2

79 [七十九]

79 [nana juu kyuu]

形容詞　2

keiyoushi 2

Da oben wohnt eine alte Frau.	上には年取った(年老いた)女性が住んでいます。 ue ni ha toshitot ta (toshioi ta) josei ga sun de i masu
Da oben wohnt eine dicke Frau.	上には太った女性が住んでいます。 ue ni ha futot ta josei ga sun de i masu
Da unten wohnt eine neugierige Frau.	下には好奇心旺盛な女性が住んでいます。 shita ni ha kouki shin ousei na josei ga sun de i masu
Unsere Gäste waren nette Leute.	お客さんは親切な人たちでした。 okyaku san ha shinsetsu na hito tachi deshi ta
Unsere Gäste waren höfliche Leute.	お客さんは礼儀正しい人たちでした。 okyaku san ha reigi tadashii hito tachi deshi ta
Unsere Gäste waren interessante Leute.	お客さんは面白い人たちでした。 okyaku san ha omoshiroi hito tachi deshi ta
Ich habe liebe Kinder.	私には愛らしい子供達がいます。 watashi ni ha airashii kodomo tachi ga i masu
Aber die Nachbarn haben freche Kinder.	でも隣人には生意気な子供達がいます。 demo rinjin ni ha namaiki na kodomo tachi ga i masu
Sind Ihre Kinder brav?	あなたの子供はお行儀がいいですか？ anata no kodomo ha o gyougi ga ii desu ka

80 [achtzig]

Adjektive 3

80 [八十]

80 [hachi juu]

形容詞　3

keiyoushi 3

Sie hat einen Hund.	彼女は犬を飼っています。 kanojo ha inu o kat te i masu
Der Hund ist groß.	その犬は大きいです。 sono inu ha ookii desu
Sie hat einen großen Hund.	彼女は大きい犬を飼っています。 kanojo ha ookii inu o kat te i masu
Sie hat ein Haus.	彼女は家を持っています。 kanojo ha ie o mot te i masu
Das Haus ist klein.	その家は小さいです。 sono ie ha chiisai desu
Sie hat ein kleines Haus.	彼女は小さい家を持っています。 kanojo ha chiisai ie o mot te i masu
Er wohnt in einem Hotel.	彼はホテル住まいです。 kare ha hoteru zumai desu
Das Hotel ist billig.	ホテルは安いです。 hoteru ha yasui desu
Er wohnt in einem billigen Hotel.	彼は安いホテルに住んでいます。 kare ha yasui hoteru ni sun de i masu

80 [achtzig]

Adjektive 3

80 [八十]
80 [hachi juu]

形容詞　3
keiyoushi 3

Er hat ein Auto.	彼は車を持っています。 kare ha kuruma o mot te i masu
Das Auto ist teuer.	その車は高いです。 sono kuruma ha takai desu
Er hat ein teures Auto.	彼は高い車を持っています。 kare ha takai kuruma o mot te i masu
Er liest einen Roman.	彼は小説を読んでいます。 kare ha shousetsu o yon de i masu
Der Roman ist langweilig.	その小説は退屈です。 sono shousetsu ha taikutsu desu
Er liest einen langweiligen Roman.	彼は退屈な小説を読んでいます。 kare ha taikutsu na shousetsu o yon de i masu
Sie sieht einen Film.	彼女は映画を見ています。 kanojo ha eiga o mi te i masu
Der Film ist spannend.	その映画はハラハラします。 sono eiga ha harahara shi masu
Sie sieht einen spannenden Film.	彼女はハラハラする映画を見ています。 kanojo ha harahara suru eiga o mi te i masu

81 [einundachtzig]

Vergangenheit 1

81 [八十一]
81 [hachi juu ichi]

過去形　1
kako gata 1

schreiben	書く kaku
Er schrieb einen Brief.	彼は手紙を書きました。 kare ha tegami o kaki mashi ta
Und sie schrieb eine Karte.	そして彼女ははがきを書きました。 soshite kanojo ha hagaki o kaki mashi ta
lesen	読む yomu
Er las eine Illustrierte.	彼は画報を読みました。 kare ha ga hou o yomi mashi ta
Und sie las ein Buch.	そして彼女は本を読みました。 soshite kanojo ha hon o yomi mashi ta
nehmen	取る toru
Er nahm eine Zigarette.	彼はタバコを取った。 kare ha tabako o tot ta
Sie nahm ein Stück Schokolade.	彼女はチョコレートを一かけ取った。 kanojo ha chokoreto o ichi kake tot ta

81 [einundachtzig]

Vergangenheit 1

81 [八十一]
81 [hachi juu ichi]

過去形　1
kako gata 1

Er war untreu, aber sie war treu.	彼は不誠実だったが、彼女は誠実だった。 kare ha fuseijitsu dat ta ga , kanojo ha seijitsu dat ta
Er war faul, aber sie war fleißig.	彼は怠け者だったが、彼女は勤勉だった。 kare ha namakemono dat ta ga , kanojo ha kinben dat ta
Er war arm, aber sie war reich.	彼は貧乏だったが、彼女は裕福だった。 kare ha binbou dat ta ga , kanojo ha yuufuku dat ta
Er hatte kein Geld, sondern Schulden.	彼にはお金はなく、借金があった。 kare ni ha okane ha naku , shakkin ga at ta
Er hatte kein Glück, sondern Pech.	彼は幸運にめぐまれず、不運だった。 kare ha kouun ni megumare zu , fuun dat ta
Er hatte keinen Erfolg, sondern Misserfolg.	彼は成功せず、失敗した。 kare ha seikou se zu , shippai shi ta
Er war nicht zufrieden, sondern unzufrieden.	彼は満足せず、不満足だった。 kare ha manzoku se zu , fumanzoku dat ta
Er war nicht glücklich, sondern unglücklich.	彼は幸福ではなく、不幸だった。 kare ha koufuku de ha naku , fukou dat ta
Er war nicht sympathisch, sondern unsympathisch.	彼は好感が持てず、友好的でない人だった。 kare ha koukan ga mote zu , yuukou teki de nai hito dat ta

82 [zweiundachtzig]

82 [八十二]
82 [hachi juu ni]

Vergangenheit 2

過去形　2
kako gata 2

Musstest du einen Krankenwagen rufen?	あなたは救急車を呼ばざるを得なかったのですか？ anata ha kyuukyuu sha o yoba zaru o e nakat ta no desu ka
Musstest du den Arzt rufen?	あなたは医者を呼ばざるを得なかったのですか？ anata ha isha o yoba zaru o e nakat ta no desu ka
Musstest du die Polizei rufen?	あなたは警察を呼ばざるを得なかったのですか？ anata ha keisatsu o yoba zaru o e nakat ta no desu ka
Haben Sie die Telefonnummer? Gerade hatte ich sie noch.	電話番号わかりますか？さっきまで持っていたのですが。 denwa bangou wakari masu ka sakki made mot te i ta no desu ga
Haben Sie die Adresse? Gerade hatte ich sie noch.	住所はありますか？さっきまで持っていたのですが。 juusho ha ari masu ka sakki made mot te i ta no desu ga
Haben Sie den Stadtplan? Gerade hatte ich ihn noch.	地図はありますか？さっきまで持っていたのですが。 chizu ha ari masu ka sakki made mot te i ta no desu ga
Kam er pünktlich? Er konnte nicht pünktlich kommen.	彼は時間どおりに来ましたか？　彼は時間どおりに来れませんでした。 kare ha jikan doori ni ki mashi ta ka kare ha jikan doori ni kore mase n deshi ta
Fand er den Weg? Er konnte den Weg nicht finden.	彼は道がわかりましたか？彼は道を見つけることが出来ませんでした。 kare ha michi ga wakari mashi ta ka kare ha michi o mitsukeru koto ga deki mase n deshi ta
Verstand er dich? Er konnte mich nicht verstehen.	彼はあなたの言うことを理解出来ましたか？彼は私の言うことは理解できなかったです。 kare ha anata no iu koto o rikai deki mashi ta ka kare ha watashi no iu koto ha rikai deki nakat ta desu

82 [zweiundachtzig]

82 [八十二]
82 [hachi juu ni]

Vergangenheit 2

過去形　2
kako gata 2

Warum konntest du nicht pünktlich kommen?	なぜあなたは時間どおりに来れなかったのですか？ naze anata ha jikan doori ni kore nakat ta no desu ka
Warum konntest du den Weg nicht finden?	なぜあなたは、道を見つけられなかったのですか？ naze anata ha , michi o mitsuke rare nakat ta no desu ka
Warum konntest du ihn nicht verstehen?	なぜあなたは、かれを理解することが出来なかったのですか？ naze anata ha , kare o rikai suru koto ga deki nakat ta no desu ka
Ich konnte nicht pünktlich kommen, weil kein Bus fuhr.	バスが来なかったので、時間どおりに来れませんでした。 basu ga ko nakat ta node , jikan doori ni kore mase n deshi ta
Ich konnte den Weg nicht finden, weil ich keinen Stadtplan hatte.	地図を持っていなかったので、道がわかりませんでした。 chizu o mot te i nakat ta node , michi ga wakari mase n deshi ta
Ich konnte ihn nicht verstehen, weil die Musik so laut war.	音楽がうるさかったので、彼の言うことがわかりませんでした。 ongaku ga urusakat ta node , kare no iu koto ga wakari mase n deshi ta
Ich musste ein Taxi nehmen.	タクシーを呼ばねばならなかった。 takushi o yoba ne ba nara nakat ta
Ich musste einen Stadtplan kaufen.	地図を買わねばならなかった。 chizu o kawa ne ba nara nakat ta
Ich musste das Radio ausschalten.	ラジオを消さねばならなかった。 rajio o kesa ne ba nara nakat ta

83 [dreiundachtzig]

Vergangenheit 3

83 [八十三]
83 [hachi juu san]

過去形　3
kako gata 3

telefonieren	電話する denwa suru
Ich habe telefoniert.	電話した。 denwa shi ta
Ich habe die ganze Zeit telefoniert.	ずっと電話していた。 zutto denwa shi te i ta
fragen	質問する shitsumon suru
Ich habe gefragt.	質問した。 shitsumon shi ta
Ich habe immer gefragt.	いつも質問した。 itsumo shitsumon shi ta
erzählen	語る kataru
Ich habe erzählt.	語った。 katat ta
Ich habe die ganze Geschichte erzählt.	お話すべてを語った。 ohanashi subete o katat ta

83 [dreiundachtzig]

83 [八十三]
83 [hachi juu san]

Vergangenheit 3

過去形　3
kako gata 3

lernen	学ぶ manabu
Ich habe gelernt.	学んだ。 manan da
Ich habe den ganzen Abend gelernt.	一晩中勉強した。 ichi ban chuu benkyou shi ta
arbeiten	働く hataraku
Ich habe gearbeitet.	働いた。 hatarai ta
Ich habe den ganzen Tag gearbeitet.	一日中働いた。 ichi nichi chuu hatarai ta
essen	食べる taberu
Ich habe gegessen.	食べた。 tabe ta
Ich habe das ganze Essen gegessen.	料理を全部食べた。 ryouri o zenbu tabe ta

84 [vierundachtzig]

Vergangenheit 4

84 [八十四]
84 [hachi juu yon]

過去形　4
kako gata 4

lesen	読む yomu
Ich habe gelesen.	読んだ。 yon da
Ich habe den ganzen Roman gelesen.	小説全編を読んだ。 shousetsu zenpen o yon da
verstehen	理解する rikai suru
Ich habe verstanden.	理解した。 rikai shi ta
Ich habe den ganzen Text verstanden.	テキスト全部を理解した。 tekisuto zenbu o rikai shi ta
antworten	答える kotaeru
Ich habe geantwortet.	答えた。 kotae ta
Ich habe auf alle Fragen geantwortet.	全部の質問に答えた。 zenbu no shitsumon ni kotae ta

84 [vierundachtzig]

Vergangenheit 4

84 [八十四]

84 [hachi juu yon]

過去形　4

kako gata 4

Ich weiß das – ich habe das gewusst.	それを知っている—それを知っていた。 sore o shit te iru sore o shit te i ta
Ich schreibe das – ich habe das geschrieben.	それを書く—それを書いた。 sore o kaku sore o kai ta
Ich höre das – ich habe das gehört.	それを聞く—それを聞いた。 sore o kiku sore o kii ta
Ich hole das – ich habe das geholt.	それを取る—それを取った。 sore o toru sore o tot ta
Ich bringe das – ich habe das gebracht.	それを持ってくる—それを持ってきた。 sore o mot te kuru sore o mot te ki ta
Ich kaufe das – ich habe das gekauft.	それを買う—それを買った。 sore o kau sore o kat ta
Ich erwarte das – ich habe das erwartet.	それを期待する—それを期待した。 sore o kitai suru sore o kitai shi ta
Ich erkläre das – ich habe das erklärt.	それを説明する—それを説明した。 sore o setsumei suru sore o setsumei shi ta
Ich kenne das – ich habe das gekannt.	それを知っている—それを知っていた。 sore o shit te iru sore o shit te i ta

85 [fünfundachtzig]

85 [八十五]
85 [hachi juu go]

Fragen – Vergangenheit 1

質問ー過去形 1
shitsumon kako gata 1

Wie viel haben Sie getrunken?	どれくらい飲んだのですか？ dore kurai non da no desu ka
Wie viel haben Sie gearbeitet?	どれくらい働いたのですか？ dore kurai hatarai ta no desu ka
Wie viel haben Sie geschrieben?	どれくらい書いたのですか？ dore kurai kai ta no desu ka
Wie haben Sie geschlafen?	どうやって寝ましたか？ dou yat te ne mashi ta ka
Wie haben Sie die Prüfung bestanden?	どうやって試験に合格したのですか？ dou yat te shiken ni goukaku shi ta no desu ka
Wie haben Sie den Weg gefunden?	どうやって道を見つけたのですか？ dou yat te michi o mitsuke ta no desu ka
Mit wem haben Sie gesprochen?	誰と話したのですか？ dare to hanashi ta no desu ka
Mit wem haben Sie sich verabredet?	誰と待ち合わせをしたのですか？ dare to machiawase o shi ta no desu ka
Mit wem haben Sie Geburtstag gefeiert?	誰と誕生日を祝ったのですか？ dare to tanjou bi o iwat ta no desu ka

85 [fünfundachtzig]

Fragen – Vergangenheit 1

85 [八十五]

85 [hachi juu go]

質問ー過去形 1

shitsumon kako gata 1

Wo sind Sie gewesen?	どこにいたのですか？ doko ni i ta no desu ka
Wo haben Sie gewohnt?	どこに住んでいたのですか？ doko ni sun de i ta no desu ka
Wo haben Sie gearbeitet?	どこで働いていたのですか？ doko de hatarai te i ta no desu ka
Was haben Sie empfohlen?	何を薦めたのですか？ nani o susume ta no desu ka
Was haben Sie gegessen?	何を食べましたか？ nani o tabe mashi ta ka
Was haben Sie erfahren?	あなたは何を知りにきたのですか？ doko de shit ta no desu ka
Wie schnell sind Sie gefahren?	どれぐらい速く運転したのですか？ dore gurai hayaku unten shi ta no desu ka
Wie lange sind Sie geflogen?	飛行時間はどれくらいでしたか？ hikou jikan ha dore kurai deshi ta ka
Wie hoch sind Sie gesprungen?	どれくらい高くジャンプしましたか？ dore kurai takaku janpu shi mashi ta ka

86
[sechsundachtzig]

Fragen – Vergangenheit 2

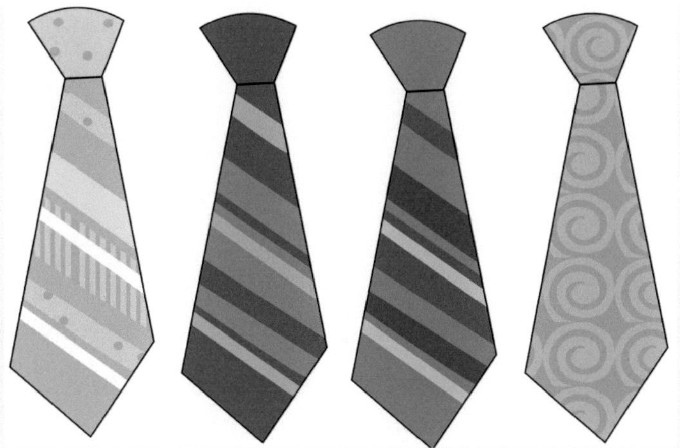

86 [八十六]
86 [hachi juu roku]

質問ー過去形２
shitsumon kako gata 2

Welche Krawatte hast du getragen?	あなたはどんなネクタイをしていたのですか？ anata ha donna nekutai o shi te i ta no desu ka
Welches Auto hast du gekauft?	あなたはどんな車を買ったのですか？ anata ha donna kuruma o kat ta no desu ka
Welche Zeitung hast du abonniert?	あなたは何の新聞を定期購読したのですか？ anata ha nani no shinbun o teiki koudoku shi ta no desu ka
Wen haben Sie gesehen?	誰を見かけましたか？ dare o mikake mashi ta ka
Wen haben Sie getroffen?	誰に会いましたか？ dare ni ai mashi ta ka
Wen haben Sie erkannt?	誰か見覚えのある人はいましたか？ dare ka mioboe no aru hito ha i mashi ta ka
Wann sind Sie aufgestanden?	何時に起きましたか？ nan ji ni oki mashi ta ka
Wann haben Sie begonnen?	いつ始めましたか？ itsu hajime mashi ta ka
Wann haben Sie aufgehört?	いつ中止しましたか？ itsu chuushi shi mashi ta ka

86
[sechsundachtzig]

Fragen –
Vergangenheit 2

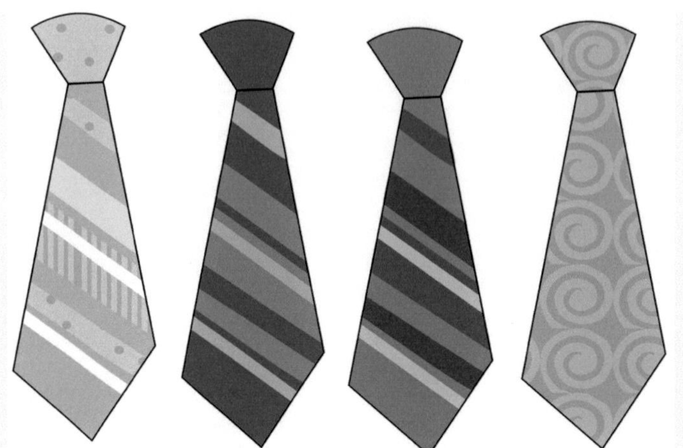

86 [八十六]
86 [hachi juu roku]

質問ー過去形 2
shitsumon kako gata 2

Warum sind Sie aufgewacht?	なぜ目を覚ましたのですか？ naze me o samashi ta no desu ka
Warum sind Sie Lehrer geworden?	なぜ教師になったのですか？ naze kyoushi ni nat ta no desu ka
Warum haben Sie ein Taxi genommen?	なぜタクシーで行ったのですか？ naze takushi de okonat ta no desu ka
Woher sind Sie gekommen?	どちらからお越しですか？ dochira kara okoshi desu ka
Wohin sind Sie gegangen?	どちらへ行かれたのですか？ dochira he ika re ta no desu ka
Wo sind Sie gewesen?	どこにいたのですか？ doko ni i ta no desu ka
Wem hast du geholfen?	あなたは誰を手助けしたのですか？ anata ha dare o tedasuke shi ta no desu ka
Wem hast du geschrieben?	あなたは誰宛に手紙を書いたのですか？ anata ha dare ate ni tegami o kai ta no desu ka
Wem hast du geantwortet?	あなたは誰に返事をしたのですか？ anata ha dare ni henji o shi ta no desu ka

87
[siebenundachtzig]

Vergangenheit
der Modalverben
1

87 [八十七]
87 [hachi juu nana]

助詞の過去形 1
joshi no kako gata 1

Wir mussten die Blumen gießen.	私達は花に水をやらねばなりませんでした。 watashi tachi ha hana ni mizu o yara ne ba nari mase n deshi ta
Wir mussten die Wohnung aufräumen.	私達はアパートを掃除せねばなりませんでした。 watashi tachi ha apato o souji se ne ba nari mase n deshi ta
Wir mussten das Geschirr spülen.	私達は食器を洗わねばなりませんでした。 watashi tachi ha shokki o arawa ne ba nari mase n deshi ta
Musstet ihr die Rechnung bezahlen?	君達は請求書を払わなくてはならなかったの？ kimi tachi ha seikyuu sho o harawa naku te ha nara nakat ta no
Musstet ihr Eintritt bezahlen?	君達は入場料を払わなくてはならなかったの？ kimi tachi ha nyuujou ryou o harawa naku te ha nara nakat ta no
Musstet ihr eine Strafe bezahlen?	君達は罰金を払わなくてはならなかったの？ kimi tachi ha bakkin o harawa naku te ha nara nakat ta no
Wer musste sich verabschieden?	別れを告げねばならなかったのは誰ですか？ wakare o tsuge ne ba nara nakat ta no ha dare desu ka
Wer musste früh nach Hause gehen?	早く家に帰らねばならなかったのは誰ですか？ hayaku ie ni kaera ne ba nara nakat ta no ha dare desu ka
Wer musste den Zug nehmen?	列車で行かねばならなかったのは誰ですか？ ressha de ika ne ba nara nakat ta no ha dare desu ka

87
[siebenundachtzig]

Vergangenheit der Modalverben 1

87 [八十七]
87 [hachi juu nana]

助詞の過去形 1

joshi no kako gata 1

Wir wollten nicht lange bleiben.	私達はあまり長くとどまるつもりはありませんでした。 watashi tachi ha amari nagaku todomaru tsumori ha ari mase n deshi ta
Wir wollten nichts trinken.	私達は何も飲みたくありませんでした。 watashi tachi ha nani mo nomi taku ari mase n deshi ta
Wir wollten nicht stören.	私達は邪魔するつもりはありませんでした。 watashi tachi ha jama suru tsumori ha ari mase n deshi ta
Ich wollte eben telefonieren.	ちょうど電話をしたかったところです。 choudo denwa o shi takat ta tokoro desu
Ich wollte ein Taxi bestellen.	タクシーを呼ぶつもりでした。 takushi o yobu tsumori deshi ta
Ich wollte nämlich nach Haus fahren.	なぜなら運転して家に帰りたかったので。 nazenara unten shi te ie ni kaeri takat ta node
Ich dachte, du wolltest deine Frau anrufen.	あなたが奥さんに電話するものだと、私は思っていました。 anata ga okusan ni denwa suru mono da to , watashi ha omot te i mashi ta
Ich dachte, du wolltest die Auskunft anrufen.	あなたは案内サービスに電話するものだと、私は思っていました。 anata ha annai sa ---- bisu ni denwa suru mono da to , watashi ha omot te i mashi ta
Ich dachte, du wolltest eine Pizza bestellen.	あなたはピザを注文するつもりだと、私は思っていました。 anata ha piza o chuumon suru tsumori da to , watashi ha omot te i mashi ta

88 [achtundachtzig]

Vergangenheit der Modalverben 2

88 [八十八]

88 [hachi juu hachi]

助詞の過去形２

joshi no kako gata 2

Mein Sohn wollte nicht mit der Puppe spielen.

私の息子は人形では遊びたがりませんでした。

watashi no musuko ha ningyou de ha asobi ta gari mase n deshi ta

Meine Tochter wollte nicht Fußball spielen.

私の娘はサッカーをしたがりませんでした。

watashi no musume ha sakka o shi ta gari mase n deshi ta

Meine Frau wollte nicht mit mir Schach spielen.

妻は、私とはチェスをしたがりませんでした。

tsuma ha , watashi to ha chesu o shi ta gari mase n deshi ta

Meine Kinder wollten keinen Spaziergang machen.

子供達は、散歩をしたがりませんでした。

kodomo tachi ha , sanpo o shi ta gari mase n deshi ta

Sie wollten nicht das Zimmer aufräumen.

彼らは部屋を掃除したくなかったのですね。

karera ha heya o souji shi taku nakat ta no desu ne

Sie wollten nicht ins Bett gehen.

彼らは寝に行きたくなかったのですね。

karera ha ne ni iki taku nakat ta no desu ne

Er durfte kein Eis essen.

彼はアイスを食べてはいけませんでした。

kare ha aisu o tabe te ha ike mase n deshi ta

Er durfte keine Schokolade essen.

彼はチョコレートを食べてはいけませんでした。

kare ha chokoreto o tabe te ha ike mase n deshi ta

Er durfte keine Bonbons essen.

彼はキャンディーを食べてはいけませんでした。

kare ha kyandi o tabe te ha ike mase n deshi ta

88 [achtundachtzig]

Vergangenheit der Modalverben 2

88 [八十八]
88 [hachi juu hachi]

助詞の過去形 2

joshi no kako gata 2

Ich durfte mir etwas wünschen.	私は何か望んでも良かったのです。 watashi ha nani ka nozon de mo yokat ta no desu
Ich durfte mir ein Kleid kaufen.	私は自分にドレスを買うことができました。 watashi ha doresu o kat te ha ike mase n deshi ta
Ich durfte mir eine Praline nehmen.	私はチョコレートをもらうことができました。 watashi ha purarine o tabe te ha ike mase n deshi ta
Durftest du im Flugzeug rauchen?	あなたは飛行機の中でタバコを吸っても良かったのですか？ anata ha hikouki no naka de tabako o sut te mo yokat ta no desu ka
Durftest du im Krankenhaus Bier trinken?	あなたは病院でビールを飲んでも良かったのですか？ anata ha byouin de biru o non de mo yokat ta no desu ka
Durftest du den Hund ins Hotel mitnehmen?	あなたは犬をホテルに連れて行っても良かったのですか？ anata ha inu o hoteru ni tsure te it te mo yokat ta no desu ka
In den Ferien durften die Kinder lange draußen bleiben.	休暇中、子供達は遅くまで外にいることが許されていました。 kyuuka chuu , kodomo tachi ha osoku made soto ni iru koto ga yurusa re te i mashi ta
Sie durften lange im Hof spielen.	彼らは長時間、中庭で遊ぶことが許されていました。 karera ha choujikan , nakaniwa de asobu koto ga yurusa re te i mashi ta
Sie durften lange aufbleiben.	彼らは、遅くまで起きていることを許されていました。 karera ha , osoku made oki te iru koto o yurusa re te i mashi ta

89 [neunundachtzig]

89 [八十九]
89 [hachi juu kyuu]

Imperativ 1

命令形 1
meirei gata 1

Du bist so faul – sei doch nicht so faul!	あなたは本当に怠け者です。そんなに怠けないように！ anata ha hontouni namakemono desu sonnani namake nai you ni !
Du schläfst so lang – schlaf doch nicht so lang!	あなたは良く寝ますね。そんなに寝過ぎないように！ anata ha yoku ne masu ne sonnani ne sugi nai you ni !
Du kommst so spät – komm doch nicht so spät!	あなたは来るのが遅すぎます。そんなに遅く来ないように！ anata ha kuru no ga oso sugi masu sonnani osoku ko nai you ni !
Du lachst so laut – lach doch nicht so laut!	あなたの笑い声は大きいです。そんなに大きい声で笑わないように！ anata no waraigoe ha ookii desu sonnani ookii koe de warawa nai you ni !
Du sprichst so leise – sprich doch nicht so leise!	あなたの話し声は小さいです。そんなに小声で話さないように！ anata no hanashigoe ha chiisai desu sonnani kogoe de hanasa nai you ni !
Du trinkst zu viel – trink doch nicht so viel!	あなたは飲みすぎです。そんなに飲み過ぎないように！ anata ha nomi sugi desu sonnani nomi sugi nai you ni !
Du rauchst zu viel – rauch doch nicht so viel!	あなたはタバコの吸いすぎです。そんなに吸い過ぎないように！ anata ha tabako no sui sugi desu sonnani sui sugi nai you ni !
Du arbeitest zu viel – arbeite doch nicht so viel!	あなたは働きすぎです。そんなに働き過ぎないように！ anata ha hataraki sugi desu sonnani hataraki sugi nai you ni !
Du fährst so schnell – fahr doch nicht so schnell!	あなたの運転は速すぎます。そんなに速く運転しないように！ anata no unten ha haya sugi masu sonnani hayaku unten shi nai you ni !

89 [neunundachtzig]

89 [八十九]
89 [hachi juu kyuu]

Imperativ 1

命令形 1
meirei gata 1

Stehen Sie auf, Herr Müller!
ミィラーさん、起立願います。
mira san , kiritsu negai masu

Setzen Sie sich, Herr Müller!
ミィラーさん、ご着席ください。
mira san , go chakuseki kudasai

Bleiben Sie sitzen, Herr Müller!
ミィラーさん、座ったままでいてください。
mira san , suwat ta mama de i te kudasai

Haben Sie Geduld!
お待ちください！
omachi kudasai !

Nehmen Sie sich Zeit!
時間をかけなさい！(ゆっくりどうぞ)
jikan o kake nasai !(!(!(!(yukkuri douzo)

Warten Sie einen Moment!
少々お待ちください！
shoushou omachi kudasai !

Seien Sie vorsichtig!
気をつけて！
ki o tsuke te !

Seien Sie pünktlich!
時間厳守でお願いします！
jikan genshu de onegai shi masu !

Seien Sie nicht dumm!
馬鹿なことはしないように！
baka na koto ha shi nai you ni !

90 [neunzig]

Imperativ 2

90 [九十]
90 [kyuu juu]

命令形２
meirei gata 2

Rasier dich!	ひげをそりなさい！ hi ge o sori nasai !
Wasch dich!	体を洗いなさい！ karada o arai nasai !
Kämm dich!	髪を梳かしなさい！ kami o tokashi nasai !
Ruf an! Rufen Sie an!	電話しなさい！ denwa shi nasai !
Fang an! Fangen Sie an!	始めなさい！ hajime nasai !
Hör auf! Hören Sie auf!	止めなさい！ tome nasai !
Lass das! Lassen Sie das!	おいておきなさい！ oi te oki nasai !
Sag das! Sagen Sie das!	言いなさい！ ii nasai !
Kauf das! Kaufen Sie das!	買いなさい！ kai nasai !

90 [neunzig]

Imperativ 2

90 [九十]
90 [kyuu juu]

命令形 2
meirei gata 2

Sei nie unehrlich!	決して不誠実であるな！ kesshite fuseijitsu de aru na !
Sei nie frech!	決して生意気になるな！ kesshite namaiki ni naru na !
Sei nie unhöflich!	決して礼儀知らずになるな！ kesshite reigi shirazu ni naru na !
Sei immer ehrlich!	常に誠実であれ！ tsuneni seijitsu de are !
Sei immer nett!	いつも親切に！ itsumo shinsetsu ni !
Sei immer höflich!	いつも礼儀正しく！ itsumo reigi tadashiku !
Kommen Sie gut nach Haus!	お気をつけて帰ってきて！ oki o tsuke te kaet te ki te !
Passen Sie gut auf sich auf!	気をつけてください。 ki o tsuke te kudasai
Besuchen Sie uns bald wieder!	またすぐに訪ねてきてください！ mata sugu ni tazune te ki te kudasai !

91 [einundneunzig]

91 [九十一]
91 [kyuu juu ichi]

Nebensätze mit dass 1

副文 1
fukubun 1

Das Wetter wird vielleicht morgen besser.	明日の天気は多分良くなるだろう。 ashita no tenki ha tabun yoku naru daro u
Woher wissen Sie das?	どうしてわかるのですか？ doushite wakaru no desu ka
Ich hoffe, dass es besser wird.	良くなればいいなと思っています。 yoku nare ba ii na to omot te i masu
Er kommt ganz bestimmt.	彼は絶対に来ます。 kare ha zettai ni ki masu
Ist das sicher?	確かですか？ tashika desu ka
Ich weiß, dass er kommt.	彼が来ることはわかっています。 kare ga kuru koto ha wakat te i masu
Er ruft bestimmt an.	彼は必ず電話してきます。 kare ha kanarazu denwa shi te ki masu
Wirklich?	本当ですか？ hontou desu ka
Ich glaube, dass er anruft.	彼は電話してくると思います。 kare ha denwa shi te kuru to omoi masu

91 [einundneunzig]

Nebensätze mit dass 1

91 [九十一]
91 [kyuu juu ichi]

副文 1
fukubun 1

Der Wein ist sicher alt.	このワインは絶対古いものです。 kono wain ha zettai furui mono desu
Wissen Sie das genau?	本当に知っているのですか？ hontouni shit te iru no desu ka
Ich vermute, dass er alt ist.	古いものだと思います。 furui mono da to omoi masu
Unser Chef sieht gut aus.	私達の上司は格好いいです。 watashi tachi no joushi ha kakkouii desu
Finden Sie?	そう思いますか？ sou omoi masu ka
Ich finde, dass er sogar sehr gut aussieht.	それどころか、ものすごく格好いいと私は思います。 soredokoroka , monosugoku kakkouii to watashi ha omoi masu
Der Chef hat bestimmt eine Freundin.	上司には絶対ガールフレンドがいますね。 joushi ni ha zettai garufurendo ga i masu ne
Glauben Sie wirklich?	本当にそう思いますか？ hontouni sou omoi masu ka
Es ist gut möglich, dass er eine Freundin hat.	彼にガールフレンドがいるのは充分ありえます。 kare ni garufurendo ga iru no ha juubun ari e masu

92
[zweiundneunzig]

Nebensätze mit dass 2

92 [九十二]
92 [kyuu juu ni]

副文 2
fukubun 2

Es ärgert mich, dass du schnarchst.	あなたのいびきが頭に来る。 anata no ibiki ga atama ni kuru
Es ärgert mich, dass du so viel Bier trinkst.	あなたがそんなにたくさんビールを飲むので腹が立つ。 anata ga sonnani takusan biru o nomu node hara ga tatsu
Es ärgert mich, dass du so spät kommst.	あなたが遅くに来るので腹が立つ。 anata ga osoku ni kuru node hara ga tatsu
Ich glaube, dass er einen Arzt braucht.	彼には医者が必要だと思います。 kare ni ha isha ga hitsuyou da to omoi masu
Ich glaube, dass er krank ist.	彼は病気だと思います。 kare ha byouki da to omoi masu
Ich glaube, dass er jetzt schläft.	彼は今寝ていると思います。 kare ha ima ne te iru to omoi masu
Wir hoffen, dass er unsere Tochter heiratet.	彼が私達の娘と結婚してくれることを願っています。 kare ga watashi tachi no musume to kekkon shi te kureru koto o negat te i masu
Wir hoffen, dass er viel Geld hat.	彼がお金持ちであることを願っています。 kare ga o kanemochi de aru koto o negat te i masu
Wir hoffen, dass er Millionär ist.	彼が百万長者であることを願っています。 kare ga hyakumanchouja de aru koto o negat te i masu

92
[zweiundneunzig]

Nebensätze mit dass 2

92 [九十二]
92 [kyuu juu ni]

副文 2
fukubun 2

Ich habe gehört, dass deine Frau einen Unfall hatte.	あなたの奥さんが事故に遭ったって聞きました。 anata no okusan ga jiko ni at tatte kiki mashi ta
Ich habe gehört, dass sie im Krankenhaus liegt.	彼女は病院に居るって聞きました。 kanojo ha byouin ni iru tte kiki mashi ta
Ich habe gehört, dass dein Auto total kaputt ist.	あなたの車は完全に壊れたって聞きました。 anata no kuruma ha kanzen ni koware ta tte kiki mashi ta
Es freut mich, dass Sie gekommen sind.	あなたが来てくれて嬉しいです。 anata ga ki te kure te ureshii desu
Es freut mich, dass Sie Interesse haben.	あなたが興味を持ってくれて嬉しいです。 anata ga kyoumi o mot te kure te ureshii desu
Es freut mich, dass Sie das Haus kaufen wollen.	あなたが家を購入予定なので嬉しいです。 anata ga ie o kounyuu yotei na node ureshii desu
Ich fürchte, dass der letzte Bus schon weg ist.	最終バスが行ってしまったかもしれない。 saishuu basu ga okonat te shimat ta kamo shire nai
Ich fürchte, dass wir ein Taxi nehmen müssen.	タクシーを呼ばなくてはいけないかもしれない。 takushi o yoba naku te ha ike nai kamo shire nai
Ich fürchte, dass ich kein Geld bei mir habe.	お金の持ちあわせがないかもしれない。 okane no mochi awase ga nai kamo shire nai

93 [dreiundneunzig]

Nebensätze mit ob

93 [九十三]
93 [kyuu juu san]

副文
fukubun

Ich weiß nicht, ob er mich liebt.
彼が私を愛しているのかわからない。
kare ga watashi o aishi te iru no ka wakara nai

Ich weiß nicht, ob er zurückkommt.
彼が戻ってくるのかわからない。
kare ga modot te kuru no ka wakara nai

Ich weiß nicht, ob er mich anruft.
彼が電話してくるのかわからない。
kare ga denwa shi te kuru no ka wakara nai

Ob er mich wohl liebt?
彼は私を愛しているのかしら？
kare ha watashi o aishi te iru no kashira

Ob er wohl zurückkommt?
彼は戻ってくるのかしら？
kare ha modot te kuru no kashira

Ob er mich wohl anruft?
彼は電話してくるのかしら？
kare ha denwa shi te kuru no kashira

Ich frage mich, ob er an mich denkt.
彼は私のことを想っているのかと思います。
kare ha watashi no koto o omot te iru no ka to omoi masu

Ich frage mich, ob er eine andere hat.
彼には他の女の人がいるのではと思います。
kare ni ha ta no onna no hito ga iru no de ha to omoi masu

Ich frage mich, ob er lügt.
彼はうそをついているのではと思います。
kare ha uso o tsui te iru no de ha to omoi masu

93 [dreiundneunzig]

Nebensätze mit ob

93 [九十三]
93 [kyuu juu san]

副文
fukubun

Ob er wohl an mich denkt? | 彼は私のことを想っているのかしら？
kare ha watashi no koto o omot te iru no kashira

Ob er wohl eine andere hat? | 彼には他の女の人がいるのかしら？
kare ni ha ta no onna no hito ga iru no kashira

Ob er wohl die Wahrheit sagt? | 彼は、本当のことを言ってくれるのかしら？
kare ha , hontou no koto o it te kureru no kashira

Ich zweifele, ob er mich wirklich mag. | 彼が本当に私のことを好きなのか、疑問に思います。
kare ga hontouni watashi no koto o suki na no ka , gimon ni omoi masu

Ich zweifele, ob er mir schreibt. | 彼が私に手紙を書いてくれるのか疑問に思います。
kare ga watashi ni tegami o kai te kureru no ka gimon ni omoi masu

Ich zweifele, ob er mich heiratet. | 彼が私と結婚してくれるのか疑問に思います。
kare ga watashi to kekkon shi te kureru no ka gimon ni omoi masu

Ob er mich wohl wirklich mag? | 彼は本当に私のことを好きなのかしら？
kare ha hontouni watashi no koto o suki na no kashira

Ob er mir wohl schreibt? | 彼は私に手紙を書いてくれるのかしら？
kare ha watashi ni tegami o kai te kureru no kashira

Ob er mich wohl heiratet? | 彼は私と結婚してくれるのかしら？
kare ha watashi to kekkon shi te kureru no kashira

94 [vierundneunzig]

Konjunktionen 1

94 [九十四]
94 [kyuu juu yon]

接続詞 1
setsuzokushi 1

Warte, bis der Regen aufhört.	雨がやむまで、待って。 ame ga yamu made , mat te
Warte, bis ich fertig bin.	私が終わるまで、待って。 watashi ga owaru made , mat te
Warte, bis er zurückkommt.	彼が戻ってくるまで、待って。 kare ga modot te kuru made , mat te
Ich warte, bis meine Haare trocken sind.	髪が乾くまで待ちます。 kami ga kawaku made machi masu
Ich warte, bis der Film zu Ende ist.	映画が終わるまで待ちます。 eiga ga owaru made machi masu
Ich warte, bis die Ampel grün ist.	信号が青に変わるまで待ちます。 shingou ga ao ni kawaru made machi masu
Wann fährst du in Urlaub?	あなたはいつ旅行に行くのですか？ anata ha i tsu ryokou ni iku no desu ka
Noch vor den Sommerferien?	夏休み前？ natsuyasumi zen
Ja, noch bevor die Sommerferien beginnen.	ええ、夏休みが始まる前に。 ee , natsuyasumi ga hajimaru mae ni

94 [vierundneunzig]

Konjunktionen 1

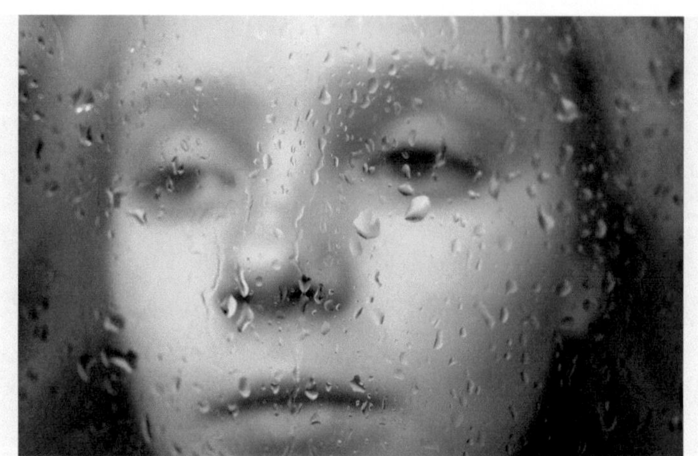

94 [九十四]

94 [kyuu juu yon]

接続詞 1

setsuzokushi 1

Reparier das Dach, bevor der Winter beginnt.	冬が来る前に屋根を直して！ fuyu ga kuru mae ni yane o naoshi te !
Wasch deine Hände, bevor du dich an den Tisch setzt.	テーブルにつく前に手を洗って！ teburu ni tsuku mae ni te o arat te !
Schließ das Fenster, bevor du rausgehst.	出て行く前に窓を閉めて！ de te iku mae ni mado o shime te !
Wann kommst du nach Hause?	あなたはいつ家に帰ってくるのですか？ anata ha itsu ka ni kaet te kuru no desu ka
Nach dem Unterricht?	授業の後？ jugyou no nochi
Ja, nachdem der Unterricht aus ist.	ええ、次の授業が終わったら。 ee , tsugi no jugyou ga owat tara
Nachdem er einen Unfall hatte, konnte er nicht mehr arbeiten.	事故の後、彼はもう仕事をすることが出来なかった。 jiko no nochi , kare ha mou shigoto o suru koto ga deki nakat ta
Nachdem er die Arbeit verloren hatte, ist er nach Amerika gegangen.	彼は失業後、アメリカへ行った。 kare ha shitsugyou go , amerika he it ta
Nachdem er nach Amerika gegangen war, ist er reich geworden.	アメリカへ行った後、彼はお金持ちになった。 amerika he it ta nochi , kare ha o kanemochi ni nat ta

95 [fünfundneunzig]

95 [九十五]
95 [kyuu juu go]

Konjunktionen 2

接続詞 2
setsuzokushi 2

Seit wann arbeitet sie nicht mehr?	彼女はいつから仕事をしていないのですか？ kanojo ha i tsu kara shigoto o shi te i nai no desu ka
Seit ihrer Heirat?	結婚以来？ kekkon irai
Ja, sie arbeitet nicht mehr, seitdem sie geheiratet hat.	ええ、結婚してから彼女は働いていません。 ee , kekkon shi te kara kanojo ha hatarai te i mase n
Seitdem sie geheiratet hat, arbeitet sie nicht mehr.	結婚してから彼女は働いていません。 kekkon shi te kara kanojo ha hatarai te i mase n
Seitdem sie sich kennen, sind sie glücklich.	知り合って以来、彼らは幸せです。 shiriat te irai , karera ha shiawase desu
Seitdem sie Kinder haben, gehen sie selten aus.	子供が出来てから彼らはあまり外出しなくなりました。 kodomo ga deki te kara karera ha amari gaishutsu shi naku nari mashi ta
Wann telefoniert sie?	彼女はいつ電話するのですか？ kanojo ha i tsu denwa suru no desu ka
Während der Fahrt?	運転中ですか？ unten chuu desu ka
Ja, während sie Auto fährt.	ええ、運転中です。 ee , unten chuu desu

95 [fünfundneunzig]

95 [九十五]
95 [kyuu juu go]

Konjunktionen 2

接続詞 2

setsuzokushi 2

Sie telefoniert, während sie Auto fährt.	彼女は運転しながら電話をします。 kanojo ha unten shi nagara denwa o shi masu
Sie sieht fern, während sie bügelt.	彼女はアイロンをかけながらテレビを見ます。 kanojo ha airon o kake nagara terebi o mi masu
Sie hört Musik, während sie ihre Aufgaben macht.	彼女は宿題をしながら音楽を聴いています。 kanojo ha shukudai o shi nagara ongaku o kii te i masu
Ich sehe nichts, wenn ich keine Brille habe.	眼鏡をしていなかったら何も見えません。 megane o shi te i nakat tara nani mo mie mase n
Ich verstehe nichts, wenn die Musik so laut ist.	音楽がうるさいので聞こえません。 ongaku ga urusai node kikoe mase n
Ich rieche nichts, wenn ich Schnupfen habe.	鼻かぜのときは匂いがわかりません。 hanakaze no toki ha nioi ga wakari mase n
Wir nehmen ein Taxi, wenn es regnet.	雨のときは、タクシーで行きます。 ame no toki ha , takushi de iki masu
Wir reisen um die Welt, wenn wir im Lotto gewinnen.	宝くじに当たったら世界旅行に行きます。 takarakuji ni atat tara sekai ryokou ni iki masu
Wir fangen mit dem Essen an, wenn er nicht bald kommt.	もうしばらくしても彼が来ないなら食事を始めましょう。 mou shibaraku shi te mo kare ga ko nai nara shokuji o hajime masho u

96
[sechsundneunzig]

Konjunktionen 3

96 [九十六]
96 [kyuu juu roku]

接続詞３
setsuzokushi 3

Ich stehe auf, sobald der Wecker klingelt.	目覚ましがなったらすぐに起きます。 mezamashi ga nat tara sugu ni oki masu
Ich werde müde, sobald ich lernen soll.	勉強しなければいけなくなるとすぐに眠くなってしまいます。 benkyou shi nakere ba ike naku naru to sugu ni nemuku nat te shimai masu
Ich höre auf zu arbeiten, sobald ich 60 bin.	６０になったら退職します。 60 ni nat tara taishoku shi masu
Wann rufen Sie an?	いつ電話しますか？ itsu denwa shi masu ka
Sobald ich einen Moment Zeit habe.	時間が出来次第すぐに。 jikan ga deki shidai sugu ni
Er ruft an, sobald er etwas Zeit hat.	彼は時間が出来次第電話してきます。 kare ha jikan ga deki shidai denwa shi te ki masu
Wie lange werden Sie arbeiten?	あとどれぐらい働く予定ですか？ ato dore gurai hataraku yotei desu ka
Ich werde arbeiten, solange ich kann.	出来る限り働くつもりです。 dekiru kagiri hataraku tsumori desu
Ich werde arbeiten, solange ich gesund bin.	健康な限り働くつもりです。 kenkou na kagiri hataraku tsumori desu

96
[sechsundneunzig]

Konjunktionen 3

96 [九十六]
96 [kyuu juu roku]

接続詞 3
setsuzokushi 3

Er liegt im Bett, anstatt dass er arbeitet.	彼は働く代わりにベッドに横になっています。 kare ha hataraku kawari ni beddo ni yoko ni nat te i masu
Sie liest die Zeitung, anstatt dass sie kocht.	彼女は料理する代わりに新聞を読んでいます。 kanojo ha ryouri suru kawari ni shinbun o yon de i masu
Er sitzt in der Kneipe, anstatt dass er nach Hause geht.	彼は家に帰る代わりに飲み屋にいます。 kare ha ie ni kaeru kawari ni nomiya ni i masu
Soweit ich weiß, wohnt er hier.	私の知る限り彼はここに住んでいます。 watashi no shiru kagiri kare ha koko ni sun de i masu
Soweit ich weiß, ist seine Frau krank.	私の知る限り彼の奥さんは病気です。 watashi no shiru kagiri kare no okusan ha byouki desu
Soweit ich weiß, ist er arbeitslos.	私の知る限り彼は失業中です。 watashi no shiru kagiri kare ha shitsugyou chuu desu
Ich hatte verschlafen, sonst wäre ich pünktlich gewesen.	寝過ごしました。そうでなければ時間に間に合ったのですが。 nesugoshi mashi ta sou de nakere ba jikan ni maniat ta no desu ga
Ich hatte den Bus verpasst, sonst wäre ich pünktlich gewesen.	バスに乗り遅れました。そうでなければ時間に間に合ったのですが。 basu ni noriokure mashi ta sou de nakere ba jikan ni maniat ta no desu ga
Ich hatte den Weg nicht gefunden, sonst wäre ich pünktlich gewesen.	道がわからなかったです。そうでなければ時間に間に合ったのですが。 michi ga wakara nakat ta desu sou de nakere ba jikan ni maniat ta no desu ga

97
[siebenundneunzig]

Konjunktionen 4

97 [九十七]
97 [kyuu juu nana]

接続詞 4
setsuzokushi 4

Er ist eingeschlafen, obwohl der Fernseher an war.	テレビがついていたのに彼は寝入った。 terebi ga tsui te i ta noni kare ha neit ta
Er ist noch geblieben, obwohl es schon spät war.	もう遅かったのに彼はまだ残っていた。 mou osokat ta noni kare ha mada nokot te i ta
Er ist nicht gekommen, obwohl wir uns verabredet hatten.	約束していたのに彼は来なかった。 yakusoku shi te i ta noni kare ha ko nakat ta
Der Fernseher war an. Trotzdem ist er eingeschlafen.	テレビはついていた。にもかかわらず、彼は寝入った。 terebi ha tsui te i ta ni mo kakawara zu , kare ha neit ta
Es war schon spät. Trotzdem ist er noch geblieben.	もう遅かった。にもかかわらず、彼はまだ残っていた。 mou osokat ta ni mo kakawara zu , kare ha mada nokot te i ta
Wir hatten uns verabredet. Trotzdem ist er nicht gekommen.	私達は約束していた。にもかかわらず、彼は来なかった。 watashi tachi ha yakusoku shi te i ta ni mo kakawara zu , kare ha ko nakat ta
Obwohl er keinen Führerschein hat, fährt er Auto.	免許を持っていないのに彼は車を運転する。 menkyo o mot te i nai noni kare ha kuruma o unten suru
Obwohl die Straße glatt ist, fährt er schnell.	道が凍っているのに彼は速く運転する。 michi ga koot te iru noni kare ha hayaku unten suru
Obwohl er betrunken ist, fährt er mit dem Rad.	酔っ払っているのに彼は自転車で行く。 yopparat te iru noni kare ha jitensha de iku

97
[siebenundneunzig]

Konjunktionen 4

97 [九十七]
97 [kyuu juu nana]

接続詞 4
setsuzokushi 4

Er hat keinen Führerschein. Trotzdem fährt er Auto.	彼は免許を持っていません。にもかかわらず、自動車を運転します。 kare ha menkyo o mot te i mase n ni mo kakawara zu , jidousha o unten shi masu
Die Straße ist glatt. Trotzdem fährt er so schnell.	道が凍っています。　にもかかわらず、彼は速く運転します。 michi ga koot te i masu ni mo kakawara zu , kare ha hayaku unten shi masu
Er ist betrunken. Trotzdem fährt er mit dem Rad.	彼は酔っ払っています。　にもかかわらず、自転車で行きます。 kare ha yopparat te i masu ni mo kakawara zu , jitensha de iki masu
Sie findet keine Stelle, obwohl sie studiert hat.	大学で勉強したのに彼女は仕事が見つかりません。 daigaku de benkyou shi ta noni kanojo ha shigoto ga mitsukari mase n
Sie geht nicht zum Arzt, obwohl sie Schmerzen hat.	痛みがあるのに彼女は医者に行きません。 itami ga aru noni kanojo ha isha ni iki mase n
Sie kauft ein Auto, obwohl sie kein Geld hat.	お金がないのに彼女は車を買います。 okane ga nai noni kanojo ha kuruma o kai masu
Sie hat studiert. Trotzdem findet sie keine Stelle.	彼女は大学を出た。にもかかわらず、仕事が見つかりません。 kanojo ha daigaku o de ta ni mo kakawara zu , shigoto ga mitsukari mase n
Sie hat Schmerzen. Trotzdem geht sie nicht zum Arzt.	痛みがあります。にもかかわらず、彼女は医者に行きません。 itami ga ari masu ni mo kakawara zu , kanojo ha isha ni iki mase n
Sie hat kein Geld. Trotzdem kauft sie ein Auto.	彼女はお金がありません。にもかかわらず、車を買います。 kanojo ha okane ga ari mase n ni mo kakawara zu , kuruma o kai masu

98 [achtundneunzig]

Doppelte Konjunktionen

98 [九十八]
98 [kyuu juu hachi]

複接続詞
fuku setsuzokushi

Die Reise war zwar schön, aber zu anstrengend.	旅行は素敵だったけれど、疲れ過ぎた。 ryokou ha suteki dat ta keredo , tsukare sugi ta
Der Zug war zwar pünktlich, aber zu voll.	列車は時間どおりだったが、人が多すぎた。 ressha ha jikan doori dat ta ga , hito ga oo sugi ta
Das Hotel war zwar gemütlich, aber zu teuer.	ホテルは快適だったが、高すぎた。 hoteru ha kaiteki dat ta ga , taka sugi ta
Er nimmt entweder den Bus oder den Zug.	彼はバスか電車で行きます。 kare ha basu ka densha de iki masu
Er kommt entweder heute Abend oder morgen früh.	彼は今夜か明日の朝に来ます。 kare ha konya ka ashita no asa ni ki masu
Er wohnt entweder bei uns oder im Hotel.	彼は私達のところかホテルにいます。 kare ha watashi tachi no tokoro ka hoteru ni i masu
Sie spricht sowohl Spanisch als auch Englisch.	彼女はスペイン語だけでなく、英語も話します kare ha furansugo mo eigo mo hanashi masu
Sie hat sowohl in Madrid als auch in London gelebt.	彼女はマドリッドとロンドンに住んでいました。 kanojo ha madoriddo to rondon ni sun de i mashi ta
Sie kennt sowohl Spanien als auch England.	彼女はスペインもイギリスも知っています。 kanojo ha supein mo igirisu mo shit te i masu

98 [achtundneunzig]

Doppelte Konjunktionen

98 [九十八]
98 [kyuu juu hachi]

複接続詞
fuku setsuzokushi

Er ist nicht nur dumm, sondern auch faul.	彼は愚かなだけでなく、怠け者です。 kare ha oroka na dake de naku , namakemono desu
Sie ist nicht nur hübsch, sondern auch intelligent.	彼女は美人なだけでなく、頭もいいです。 kanojo ha bijin na dake de naku , atama mo ii desu
Sie spricht nicht nur Deutsch, sondern auch Französisch.	彼女はドイツ語だけでなく、フランス語も話します。 kanojo ha doitsu go dake de naku , furansugo mo hanashi masu
Ich kann weder Klavier noch Gitarre spielen.	私はピアノもギターも弾けません。 watashi ha piano mo gita mo hike mase n
Ich kann weder Walzer noch Samba tanzen.	私はワルツもサンバも踊れません。 watashi ha warutsu mo sanba mo odore mase n
Ich mag weder Oper noch Ballett.	オペラもバレエも好きではありません。 opera mo baree mo suki de ha ari mase n
Je schneller du arbeitest, desto früher bist du fertig.	あなたは急いで働くほど、早くに終れるます。 anata ha isoi de hataraku hodo , hayaku ni owa reru masu
Je früher du kommst, desto früher kannst du gehen.	あなたは早く来るほど、早く帰れるます。 anata ha hayaku kuru hodo , hayaku kaereru masu
Je älter man wird, desto bequemer wird man.	年を取れば取るほど、人は気長になる。 toshi o tore ba toru hodo , hito ha kinaga ni naru

99
[neunundneunzig]

Genitiv

99 [九十九]
99 [kyuu juu kyuu]

２格
2 kaku

die Katze meiner Freundin	私のガールフレンドの猫 watashi no garufurendo no neko
der Hund meines Freundes	私のボーイフレンドの犬 watashi no boifurendo no inu
die Spielsachen meiner Kinder	私の子供達のおもちゃ watashi no kodomo tachi no omocha
Das ist der Mantel meines Kollegen.	これは私の同僚のコートです。 kore ha watashi no douryou no koto desu
Das ist das Auto meiner Kollegin.	これは私の同僚の車です。 kore ha watashi no douryou no kuruma desu
Das ist die Arbeit meiner Kollegen.	これは私の同僚の仕事です。 kore ha watashi no douryou no shigoto desu
Der Knopf von dem Hemd ist ab.	ワイシャツのボタンが取れた。 waishatsu no botan ga tore ta
Der Schlüssel von der Garage ist weg.	車庫の鍵がなくなった。 shako no kagi ga nakunat ta
Der Computer vom Chef ist kaputt.	上司のコンピューターが壊れた。 joushi no konpyuta ga koware ta

99
[neunundneunzig]

99 [九十九]
99 [kyuu juu kyuu]

Genitiv

２格
2 kaku

Wer sind die Eltern des Mädchens?	この少女の両親は誰ですか？ kono shoujo no ryoushin ha dare desu ka
Wie komme ich zum Haus ihrer Eltern?	彼女の両親の家にはどうやって行けばいいですか？ kanojo no ryoushin no ie ni ha dou yat te ike ba ii desu ka
Das Haus steht am Ende der Straße.	家は通りの最後にあります。 ie ha toori no saigo ni ari masu
Wie heißt die Hauptstadt von der Schweiz?	スイスの首都の名前はなんですか？ suisu no shuto ha doko desu ka
Wie heißt der Titel von dem Buch?	その本の題名は何ですか？ sono hon no daimei ha nani desu ka
Wie heißen die Kinder von den Nachbarn?	お隣さんの子供はなんと言う名前ですか？ otonari san no kodomo ha nanto iu namae desu ka
Wann sind die Schulferien von den Kindern?	子供達の学校の休みはいつですか？ kodomo tachi no gakkou no yasumi ha i tsu desu ka
Wann sind die Sprechzeiten von dem Arzt?	医者の診療時間はいつですか？ isha no shinryou jikan ha i tsu desu ka
Wann sind die Öffnungszeiten von dem Museum?	美術館の開館時間はいつですか？ bijutsukan no kaikan jikan ha i tsu desu ka

100 [hundert]

Adverbien

100 [百]
100 [hyaku]

副詞
fukushi

schon einmal – noch nie
すでに—まだ～していない
sudeni mada - hi te i nai

Sind Sie schon einmal in Berlin gewesen?
ベルリンに行ったことはありますか？
berurin ni it ta koto ha ari masu ka

Nein, noch nie.
いいえ、まだありません。
iie , mada ari mase n

jemand – niemand
誰か—誰も
dare ka dare mo

Kennen Sie hier jemand(en)?
誰かここで知っている人はいますか？
dare ka koko de shit te iru hito ha i masu ka

Nein, ich kenne hier niemand(en).
いいえ、ここでは誰も知りません。
iie , koko de ha dare mo shiri mase n

noch – nicht mehr
まだ—もう～ない
mada mou - nai

Bleiben Sie noch lange hier?
まだしばらくここにいますか？
mada shibaraku koko ni i masu ka

Nein, ich bleibe nicht mehr lange hier.
いいえ、もう長くはいません。
iie , mou nagaku ha i mase n

100 [hundert]

Adverbien

100 [百]
100 [hyaku]

副詞
fukushi

noch etwas – nichts mehr
何か他に、もう何も
mada mou - nai

Möchten Sie noch etwas trinken?
まだ何かお飲みになりますか？
mada nani ka o nomi ni nari masu ka

Nein, ich möchte nichts mehr.
いいえ、もう何も要りません。
iie , mou nani mo iri mase n

schon etwas – noch nichts
もう何か一まだ何も
sudeni mada - nai

Haben Sie schon etwas gegessen?
もう何か食べましたか？
mou nani ka tabe mashi ta ka

Nein, ich habe noch nichts gegessen.
いいえ、まだ何も食べていません。
iie , mada nani mo tabe te i mase n

noch jemand – niemand mehr
誰か—誰も～ない
dare ka dare mo - nai

Möchte noch jemand einen Kaffee?
まだ誰かコーヒーのいる方はいますか？
mada dare ka kohi no iru hou ha i masu ka

Nein, niemand mehr.
いいえ、誰もいません。
iie , dare mo i mase n